JN441519

신기한 동물을 통해 하나님 말씀을 가르치기

부모가 이끄는 신나는 성경과외

• 동물원편 •

김영필 지음

베다니출판사

부모가 이끄는 **신나는 성경과외 – 동물원편**

지은이 | 김영필

1쇄 인쇄 | 2014. 12. 29
1쇄 발행 | 2015. 1. 13

펴낸곳 | 베다니출판사
펴낸이 | 오생현
등록일 | 1992. 5. 6(제3-413호)

주소 | 서울시 송파구 새말로10길 18-1, 4층(우 138-200)
전화 | (02) 448-9884~5
팩스 | (02) 6442-9884

E-mail | bethanyp@hanmail.net
홈페이지 | http://www.bethany.co.kr
북 카 페 | cafe.naver.com/bethanybooks

책값 13,000원

ISBN 978-89-5958-157-3 (03230)

Contents

9월 〈성숙의 삶〉

10월 〈정결한 삶〉

11월 〈지혜의 삶〉

12월 〈영적인 삶〉

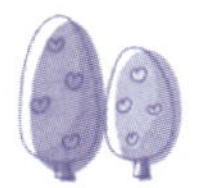

신나는 주! 주! 주 ~ (週主Zoo)로 오세요.

'주주주'는 '한 주(週)에 한 번, 주(主)님과 함께 떠나는 신나는 동물원(Zoo)'이란 말의 줄임말로, 필자가 재미있게 표현해 본 말이다. 그러나 이 표현은 단순한 언어유희에 그치지 않는다. 이 책의 핵심적인 주제들을 집약적으로 담아내고 있기 때문이다.

한 주(週)에 한 번씩!

우선 이 책의 핵심적인 주제 중 하나는 가족은 적어도 한 주에 한 번은 온 식구가 한 자리에 모일 필요가 있다는 데 있다. 단순히 식사를 위해 모이는 시간을 의미하는 것이 아니다. 온 가족이 둘러 앉아 서로에게 의미 있는 시간을 가질 필요가 있다는 말이다. 요즘과 같은 세상에 그나마 아침이나 저녁 식사를 함께할 수 있는 가족은 복된 가정임에 틀림없다. 식사를 하며 하루의 일과를 묻고 애정 어린 권면을 주고받을 수 있기 때문이다.

그러나 우리 모두가 알다시피 현대인의 가정은 온 식구가 한 자리에 모여 앉아 서로간의 유대 관계를 돈독히 할 수 있는 형편에 있지 않다. 아빠는 아빠대로, 엄마는 엄마대로, 자녀는 자녀대로 바쁘다. 어쩌다 온 식구가 집안에 있을 때면, 각각 좋아하는 TV 프로그램을 보거나 온라인 게임을 하느라 정신이 없다. 서로에게 관심을 가질 시간이 없는 것이다.

대화가 없는 가정에 무슨 소망이 있겠는가! 서로간의 깊은 신뢰와 유대감 형성은 대화 없이 불가능하다. 이런 점에서 부모는 '의도적으로' 최소한 한 주에 한 번은 온 식구가 한자리에 모여 '의미 있는' 시간을 갖도록 해야 한다.

주(主)님과 함께 떠나라!

그렇다면 크리스천 가정은 모여서 무엇을 해야 할까? 당신이 크리스천 부모라면 당신은 가지고 있는 소중한 가치와 신념을 자녀에게 가르치고 전수해야 한다. 예수님께서는 모든 성도가 지켜야 할 '크고 첫째 되는 계명'(마 22:37-38)으로 신명기 6:4-5 말씀을 들으셨다. "우리 하나님 여호와는 오직 유일한 여호와이시니 너는 마음을 다하고 뜻을 다하고 힘을 다하여 네 하나님 여호와를 사랑하라."

크리스천 부모의 가장 큰 의무는 하나님을 사랑하는 것이다.

그런데 예수님께서 가장 큰 계명으로 인용하신 그 말씀 이후에 어떤 말씀이 나오는지 아는가?

> "오늘 내가 네게 명하는 이 말씀을 너는 마음에 새기고 네 자녀에게 부지런히 가르치며 집에 앉았을 때에든지 길을 갈 때에든지 누워 있을 때에든지 일어날 때에든지 이 말씀을 강론할 것이며 너는 또 그것을 네 손목에 매어 기호를 삼으며 네 미간에 붙여 표로 삼고 또 네 집 문설주와 바깥 문에 기록할지니라"(신 6:6-9).

크리스천 부모의 가장 큰 의무는 하나님을 사랑하는 것이다. 그리고 하나님을 사랑하는 부모가 당연히 해야 하는 일은 '말씀을 자녀에게 부지런히 가르치는 일'이다.

말씀이 없는 가정에 무슨 소망이 있겠는가! 헛된 가치관의 홍수 속에서 크리스천 부모는 자녀에게 부모가 믿는 성경적 신앙과 가치관, 교훈 등을 부지런히 가르쳐야 한다. 그리고 삶의 주인 되시는 예수님을 찬양하며 구주로 고백하는 모습을 자녀에게 보여주어야 한다.

야! 신나는 동물원(Zoo)이다

그러면 가정에서 자녀에게 하나님의 말씀과 교훈을 어떻게 효과적으로 가르칠까? 아이들이 지루해하지 않으면서 능동적으로 참여하는, 그러면서도 기억에 오래 남는, 가정에서의 효과적인 교육방법은 없을까?

그동안 교육학계에서 '효과적인 가르침'(effective teaching)에 대한 탐구가 학교와 교회에 국한되어 왔던 것이 사실이다. 그러나 소중한 말씀이 자녀에게 반드시 전수되어야 하는 '가정'에서만큼 '효과적인 가르침'이 요구되는 곳이 또 있을까?

저자는 이러한 문제의식으로부터 가정에서 사용하기에 알맞도록 다섯 가지 요소로 구성된 교안(P·A·R·T·S)을 디자인했고, 그 패턴(P·A·R·T·S)을 활용한 교재를 개발해왔다. 그 첫 번째 책이 재미있는 '활동'(activity)을 가미한 「부모가 이끄는 신나는 성경과외」였고, 두 번째 책이 흥미 있는 '이야기'(story)를 활용한 「스토리텔링 예배」였다. 이 책들은 그동안 가정과 교회, 더 나아가 학교에서까지 널리 활용되어 왔다.

가르친 것이 아이의 기억에 남아있지 않으면 무슨 소용이 있겠는가! 기억에 남아 있는 것이 신념이 되고, 그 신념이 사람의 행동에 영향을 미치는 것이다.

이 책은 '활동'과 '스토리'에 이어 가정에서의 효과적인 가르침을 위한 세 번째 시리즈물이다. 곧 하나님의 놀라운 창조물인 '동물'을 활용해서 하나님의 말씀과 교훈을 자녀에게 가르치는 것이다.

동물의 세계에는 그야말로 신기하고 놀라운 것들로 가득 차 있다. 동물들의 습성과 특별한 생존 방식을 통해 우리 인간은 삶의 지혜와 통찰을 얻을 수 있다. 잠언 기자는 '개미에게서 지혜를 배우라'고 하지 않았던가!(잠 6:6)

그리고 무엇보다 동물은 아이들에게 매력적이다. 이 책의 1부에서 당신은 왜 동물이 교육적으로 훌륭한 재료가 되는가에 대해서 알게 될 것이다. 그리고 2부에서 52종류의 동물들을 접하게 되고, 각각의 생존 방식과 독특함 등이 어떻게 삶의 지혜와 하나님의 말씀으로 연결되는지를 보게 될 것이다. 주로 동물의 특성을 바탕으로 전개되고 있으나, 어떤 경우에는 특정 동물과 관련된 스토리가 가미되었다. 스토리가 주는 유익이 있기 때문에, 저자는 가능하면 그 동물과 관련된 이야기를 찾으려고 노력했다.

이제 당신과 당신의 자녀들은 한 주에 한 번 일정한 시간에 모여서 한 종류의 동물을 탐색하게 될 것이다. 그 동물들을 탐색하면서 가장 먼저 부모인 당신이 그 신비한 동물들의 특성에 놀랄 것이고, 그것이 주는 영감과 교훈에 놀라게 될 것이다. 그리고 아이들은 그 동물들을 매개체로 삼아 영원하신 하나님의 말씀과 영적 교훈을 마음속 깊이 간직하게 될 것이다.

특별히 2부에 나오는 '매뉴얼 사용 방법'을 잘 읽고, 그 이상을 하려고 노력하길 바란다. 앵무새에게 말을 가르치는 첫 번째 비법이 무엇인가라는 수수께끼가 있다. 그 답이 무엇인지 아는가? 앵무새보다 더 많은 어휘를 알아야 한다는 것이다.

자녀를 가르치기 전에 먼저 교안을 자세히 읽어보고, 해당 동물에 대한 자료를 인터넷을 통해 더 찾아보고, 해당 말씀도 깊이 묵상해 보는 시간을 갖길 바란다. 그리고 제시된 질문들 이외에 떠오르는 다른 질문과 대답들을 여백에 메모해 놓길 바란다. 언제나 성과는 준비한 만큼 오기 마련이다.

지면을 통해 감사를 표할 분들이 있다. 사랑하고 존경하는 부모님, 믿음의 동역자 형님과 형수님, 기도의 조력자 아내와 딸에게 감사를 드린다. 이들의 기도가 없었다면 많은 일들이 불가능했을 것이다. 그리고 신실하신 베다니 출판사 직원들에게 감사를 드린다. 이분들의 수고가 없었다면 이 책은 세상에 나오지 않았을 것이다. 그리고 유학생활 중 많은 배움과 삶의 지혜를 나눠주신 Dallas Baptist University의 김종환(Jonathan Kim, Ph.D) 교수님, 다니엘 맥밀란(Daniel MacMillan, Ed.D) 교수님, 그리고 마가렛 로슨(Margaret Lawson, Ph.D) 교수님께 감사를 드린다. 끝으로 자연만물을 창조하시고 지금도 온 우주를 주관하시는 아버지 하나님과 우리 주 예수 그리스도께 모든 영광을 돌린다. Soli Deo Gloria!

자연과 동물,
가르침의 훌륭한 도구

1장

왜 자연인가?

자연: 하나님을 알아가는 훌륭한 도구

자연은 인간의 최적화된 삶을 위해 마련된 하나님의 창조물이다. 해와 달과 별과 하늘, 땅과 구름과 물과 나무, 산과 계곡과 바다와 강, 그 밖에 모든 자연 만물이 모두 인간을 위해 조성된 하나님의 선물이다. 더욱 놀라운 것은 창조된 만물이 그대로 있지 아니하고 상호 작용하며 유기적으로 공생해 간다는 것이다.

나무는 홀로 있을 수 없다. 물과 영양분을 공급받기 위해 땅과 흙을 필요로 하고, 광합성을 위해 이산화탄소와 햇빛을 필요로 한다. 인간에게 쌀을 공급하는 벼는 물로 흥건한 땅(논)을 필요로 하고, 그러한 환경이 마련되기 위해 하늘에서 내리는 비를 절대적으로 필요로 한다.

비는 어떠한가? 비는 태양에 의한 수분의 증발과 대기의 오랜 순환 과정을 거쳐 형성된다. 하나님께서는 인간이 그 삶을 영위해 가도록 멈춰있는 자연이 아닌, 살아서 숨 쉬는 자연을 보금자리로 마련해 주신 것이다.

하지만 자연은 보금자리로서의 기능만 하지 않는다. 자연은 우리 인간이 하나님을 알아가는 훌륭한 도구로서의 역할을 감당한다. 신학교 교수이자 신실한 목회자였던 캘빈 밀러(Calvin Miller)는 이렇게 기술했다.

> "하나님은 자연을 통해 자신을 계시하신다. 아름다운 노을이나 이슬을 머금은 장미를 바라보면서 하나님이 계시다는 것을 알지 못하는 사람은 없을 것이다. 자연은 자연스럽게 하나님을 선포한다."

믿지 않는 자들에게 자연은 단지 생존을 위한 터에 지나지 않을 것이다. 그리고 인간을 둘러싼 환경에 지나지 않을 것이고, 진화와 기후변화의 결과물에 지나지 않을 것이다. 그러나 복음으로 변화받은 사람에게 자연은 단순한 환경이나 기후변화의 결과물이 아니다. 하나님의 경이로운 창조물이며, 동시에 하나님의 성품과 위대하심을 발견할 수 있는 거대한 시청각 교육 자료가 된다. 믿는 자에게 자연은 영적 깨달음을 주는 놀라운 보고(寶庫)로서의 역할을 한다.

작품을 보면 그 작가를 알 수 있는 법이다. 한 편의 그림 속에 등장하는 인물의 표정이나 몸짓, 색감과 붓의 터치 등을 통해 우리는 화가의 성향과 기질 등을 유추할 수 있다. 하나님의 창조물인 자연도 마찬가지이다. 인간을 포함한 대자연의 질서 속에서 우리는 하나님의 성품과 위대하심을 발견할 수 있다.

사도 바울은 이러한 자연 속에 깃들어 있는 하나님을 알게 하는 기능을 피력하면서 오히려 자연을 통해서 하나님을 발견하지 못한 자들을 나무란다. "창세로부터 그의 보이지 아니하는 것들 곧 그의 영원하신 능력과 신성이 그가 만드신 만물에 분명히 보여 알려졌나니 그러므로 그들이 핑계하지 못할지니라"(롬 1:20).

구원은 예수 그리스도의 복음을 통해 얻어진다. 자연을 탐구함으로 구원이 얻어지는 것이 아니다. 그러나 분명한 사실은 사도 바울이 명시한 바와 같이 자연은 하나님을 알아가는 실마리를 제공해 준다는 것이다. 기록된 성경 말씀이 하나님께서 자신을 직접적으로 드러낸 계시라면(특별계시), 자연 만물은 하나님께서 자신을 간접적으로 드러낸 계시이다(자연계시).

믿지 않는 자들은 자연이 하나님께서 자신을 드러내신 계시임을 알지 못한다. 그러나 복음으로 변화된 자들은 저 시편 기자와 같이 자연 속에서 하나님의 위대하심을 발견하고 그분의 솜씨를 찬양하게 된다. "하늘이 하나님의 영광을 선포하고 궁창이 그의 손으로 하신 일을 나타내는도다"(시 19:1).

하나님의 사랑과 그 은혜를 깨달은 사람은 다음과 같은 고백을 하지 않을 수 없다.

주 하나님 지으신 모든 세계/ 내 마음속에 그리어 볼 때
하늘의 별 울려 퍼지는 뇌성/ 주님의 권능 우주에 찼네.

숲 속이나 험한 산골짝에서/ 지저귀는 저 새소리들과
고요하게 흐르는 시냇물은/ 주님의 솜씨 노래하도다.

주님의 높고 위대하심을/ 내 영혼이 찬양하네.
주님의 높고 위대하심을/ 내 영혼이 찬양하네.

(찬송가 – "주 하나님 지으신 모든 세계" 중에서)

구원받은 자는 대자연 속에 하나님의 성품과 위대하심이 가득 차 있음을 보게 된다. 복음으로 변화받은 자는 대우주가 하나님을 찬양하는 광대한 오케스트라임을 깨닫게 된다. 예수 그리스도의 십자가 은혜로 새롭게 태어난 자는 지저귀는 저 새소리를 통해서도 하나님을 찬양하는 찬미 소리를 듣게 된다. 자연은 믿는 자에게 하나님이 누구신지를 알게 해주는 거대한 시청각 교육 자료가 된다.

성경에서 사용된 예들

뿐만 아니라, 우리는 성경 속에서 하나님께서 자연을 직접적인 교육 자료로써 사용하셨음을 보게 된다. 40일간의 홍수 심판이 있고 난 후, 하나님께서는 방주에서 나온 노아와 그 아들들에게 복을 주시며 다시는 홍수로 세상을 멸하지 아니할 것이라는 새로운 언약을 세우셨다. 이때 하나님께서는 그 언약의 증거로써 무지개를 사용하셨다(창 9:1-17). 그 이후 노아와 그 아들들은 맑게 갠 하늘과 구름 사이에 펼쳐진 천연색 무지개를 볼 때마다 지켜주시고 안위하시는 하나님을 되새길 수 있었다.

자식이 없어 상심하고 있던 아브라함에게 하나님께서 하신 일을 머릿속으로 그려보라. 하나님께서는 아브라함에게 단지 믿으라고만 하지 않으셨다. 그분이 하신 일은 아브라함에게 수많은 별들로 가득 찬 밤하늘을 바라보게 한 것이었다. 그리고 이렇게 말씀하셨다. "하늘을 우러러 뭇별을 셀 수 있나 보라 … 네 자손이 이와 같으리라"(창 15:5). 밤하늘의 수많은 별들이 약속을 이루시는 하나님을 확증하는데 사용된 것이다. 밤하늘의 반짝이는 별들을 보면서 아브라함의 의심은 확신으로 바뀌었고 하나님을 더욱 신뢰하는 믿음을 갖게 되었다.

한 잠언 기자는 작은 동물들로부터 인간이 배울 수 있는 지혜가 있음을 역설했다. "땅에 작고도 가장 지혜로운 것 넷이 있나니 곧 힘이 없는 종류로되 먹을 것을 여름에 준비하는 개미와 약한 종류로되 집을 바위 사이에 짓는 사반과 나아가는 메뚜기와 손에 잡힐 만하여도 왕궁에 있는 도마뱀이니라"(잠 30:24-28).

지혜로운 자는 동물을 통해서도 삶의 교훈을 얻는다. 개미를 통해 부지런히 준비하는 삶의 중요성을 배우고, 사반(바위너구리)을 통해 자신의 약점을 알고 튼튼한 피난처를 두고 살아가는 지혜를 배운다. 또한 메뚜기를 통해 개인보다 다수의 연합이 더 중요함을 깨닫게 되고, 왕궁에 있는 도마뱀을 통해 아무리 하찮은 인생이라도 하나님 나라 안에 사는 자의 존귀함이 어떠한지를 배우게 된다.

신약 성경에서 우리는 예수님께서 무리들을 가르치실 때 자연을 적극 활용하시는 모습을 보게 된다. 예수님께서는 무리에게 먹을 것과 입을 것을 위하여 염려하지 말 것을 가르치시면서 다음과 같이 자연을 활용하셨다. "공중의 새를 보라 심지도 않고 거두지도 않고 창고에 모아들이지도 아니하되 … 들의 백합화가 어떻게 자라는가 생각하여 보라 … 솔로몬의 모든 영광으로도 입은 것이 이 꽃 하나만 같지 못하였느니라"(마 6:26-29).

이 짧은 가르침 속에는 몇 가지 진리가 전제되어 있다. 첫째, 자연 만물은 하나님께서 창조하셨다. 둘째, 자연은 우리의 생각보다 더 아름답게 창조되었다. 셋째, 자연계는 하나님의 오묘한 돌보심 가운데 운행된다. 예수님께서는 이러한 자연 만물과 같이 믿는 자들 또한 하나님의 돌보심 가운데 있음을 상기시켜 주신 것이다.

자연은 하나님의 창조물로서 하나님의 성품과 위대하심을 나타낸다. 믿음으로 구원받은 자는 자연을 통해 그 놀라운 비밀과 교훈을 발견하게 된다. 자연은 믿는 자가 하나님을 알아가는 데 도움을 주는 훌륭한 교육 자료인 것이다.

2장

그 중에서도 왜 동물인가?

하나님이 창조하신 모든 자연 만물 중에서도 하나님의 오묘하신 지혜와 능력이 생동감 있게 드러나는 영역이 바로 동물의 세계이다. 동물들의 생김새부터 시작해서 그들이 생존해가는 방식에 이르기까지 모두가 신기하고 놀라운 하나님의 지혜와 능력으로 가득 차 있다.

무엇보다 동물이 자연 만물 가운데서 신앙적 교훈과 진리를 가르치는 데 최적인 이유는 다음과 같은 조건들을 갖추었기 때문이다.

첫째, 아이들이 좋아한다.

기본적으로 아이들은 그 발달 특성상 활동(activity)과 스토리(story)를 좋아한다(이에 대한 자세한 내용은 필자의 이전 책 「부모가 이끄는 신나는 성경과외」와 「스토리텔링 예배」를 참고하길 바란다). 그리고 부인할 수 없는 또 하나의 사실은 "아이들은 동물을 좋아한다"는 것이다.

동물은 아이들에게 있어 또 다른 '신기한 세계'이다. 아이들은 의식이 자라기 시작하면서 자신과 다르게 생긴 동물들의 생김새에 매료된다. 코가 긴 코끼리, 목이 긴 기린, 팔이 길고 우스꽝스럽게 생긴 원숭이 등은 모두 아이들의 호기심을 자극하는 경이로운 세계이다.

"코끼리는 어떻게 코가 저렇게 길지?"

"저 기린 좀 봐, 목이 진~짜 길다."

"저 원숭이는 정말 우습게 생겼어. 하하하."

그래서 어린 아이들에게 가장 인기 있는 곳이 동물원이고, 인기 있는 동요는 항상 동물 캐릭터가 등장하는 노래들이다. "코끼리 아저씨", "곰 세 마리", "기린이랑 사슴이랑", "개울가의 개구리 한 마리", "나비야 나비야" 등 무수히 많은 동요들이 동물 캐릭터들을 묘사하고 있다.

만약 당신이 취학전 자녀를 둔 부모라면 지금 당장 아이들 책장의 도서들을 살펴보라. 그 책들의 대부분에는 동물 캐릭터가 주인공으로 등장하고 있을 것이다. 왜 그럴까? 아이들이 동물을 좋아하기 때문이다.

실제로 저자가 섬기는 교회에서 부모들로 하여금 이 책에서 소개하는 매뉴얼대로 동물을 통해 아이들에게 하나님의 말씀과 교훈을 제시했을 때, 아이들은 더욱 흥미로워했고, 끝까지 주의집중을 잘 했다. 특히 유치, 유년 연령의 아이들은 신기한 동물의 생김새가 제시되고 희한한 동물의 습성 등이 묘사될 때 '우와~' 하며 놀라워했고, 지각 능력이 발달한 초등부와 청소년 연령의 아이들은 신비한 동물의 생존 방식이 묘사될 때 더욱 흥미로워했다.

둘째, 어른이 더 좋아한다.

아이들이 주로 동물들의 '**생긴 모습**'에 놀라워한다면, 어른들은 주로 동물들의 '**사는 모습**'에 놀라워한다. 아이들에게 동물이 '신기한 세계'라면, 어른들에게 동물은 '신비의 세계'이다. 아이들에게 동물이 '호기심'을 유발한다면, 어른들에게 동물은 '경이감'을 유발한다.

어린 시절, 아버지께서 놓치지 않고 즐겨 보셨던 TV 프로그램이 있었다. '♪우~와~, 우와~ 우와~' 독특한 시그널로 방송의 시작을 알렸던 〈퀴즈 탐험 신비의 세계〉였다. 신기한 동물의 세계를 사회자의 맛깔스런 해설과 함께 지켜보면서 참석자들이 퀴즈를 풀어나가는 독특한 프로그램이었다. 이 프로그램을 시청하면서 아버지께서는 항상 동물들의 놀라운 생존 방식에 경이감을 금치 못하셨다. 방송에 참석한 연예인들의 퀴즈 게임은 그저 부수적인 재미를 줬을 뿐이었다. 아버지로 하여금 그 프로그램을 고정 시청하게 만들었던 것은 바로 동물들의 신기한 세계 그 자체였다.

2012년 초에 6부작으로 방영되었던 〈남극의 눈물〉이라는 다큐멘터리 시리즈가 있었다. 순수 국내 촬영팀에 의해 제작된 이 프로그램은 동시간대 시청률 1위라는 경이적인 기록을 세웠고, 재방송마저도 동시간대 1위를 기록했다. 이 프로그램의 실질적 주인공이었던 황제 펭귄의 감동적인 이야기는 반년 후 다시 영화로 제작되었을 정도였다. 특별히 극한의 추위에서 수개월 동안 아무것도 먹지 않고 알을 품고 있는 황제 펭귄의 부성(父性)이야 말로 많은 아버지들의 눈시울을 적시기에 충분했다. 혹독한 생존 경쟁 속에서 동물들이 살아가는 모습은 우리 인간에게 많은 도전과 지혜 그리고 영감을 준다. 그래서 어른들은 동물을 좋아한다.

무엇보다 이 책에서 소개된 교안대로 가정에서 말씀을 가르친 부모들이 한결같이 했던 말들이 있었다. "이 동물들을 통해 내가 먼저 은혜를 받았습니다." 그리고 "이 동물들 속에 그런 진리가 숨어 있었는지 몰랐습니다."

부모들이 먼저 동물의 세계에 흠뻑 빠지게 되니 자녀에게 말씀을 가르치는 즐거움도 배가 되는 것을 경험하게 된다.

셋째, 최고의 교육 자료이다.

동물이 최고의 교육 자료인 이유는 다분히 추상적일 수 있는 교훈을 시각화시켜 줌으로써 그 교훈을 머릿속에 생생하게 기억하도록 도와준다는 데 있다. 작은 개미가 먹이를 등에 이고 열심히 운반하는 모습을 그려보라. 어떤 교훈이 떠오르는가? 동서고금의 남녀노소를 막론하고 모두 다음의 교훈을 떠올릴 것이다. "열심히 일하라." 이것은 특정 동물의 놀라운 생존 방식이 머릿속에 시각화되면서 관련된 교훈까지 함께 각인되었기 때문이다.

더욱이 우리가 사는 세상을 포함해서 이 대자연은 동물들로 가득 차 있다. 애완동물로서 쉽게 볼 수 있는 강아지나 고양이를 비롯해서 하늘을 나는 각종 새와 곤충들, 그리고 어항의 물고기까지 우리는 하루도 빠짐없이 동물과 마주치며 살아간다.

이는 다른 말로 하면, 아이들에게 영적 진리와 교훈을 가르칠 수 있는 훌륭한 교육 자료들이 우리 주변에 가득하다는 말과 같다. 부모는 아이와 함께 있을 때, 우연히 마주친 동물을 보면서 '가르침의 순간'(teachable moment)을 포착할 수 있다. 개미를 보면서 그들이 얼마나 열심히 일하는지를 상기시켜 줄 수도 있고, 줄지어 날아가는 기러기 떼를 보면서 질서와 협동의 중요성을 상기시켜 줄 수도 있다. 또한 먹은 것을 다시 되새김질하는 소를 통해서 말씀을 곱씹어 보는 말씀 묵상의 중요성을 상기시켜 줄 수도 있다.

하나님께서는 부모가 수시로 자녀에게 말씀을 가르치기를 원하신다. "오늘 내가 네게 명하는 이 말씀을 너는 마음에 새기고 네 자녀에게 부지런히 가르치며 집에 앉았을 때에든지 길을 갈 때에든지 누워 있을 때에든지 일어날 때에든지 이 말씀을 강론할 것이며"(신 6:6-7). 이는 다른 말로 하면, 항상 가르침의 순간을 포착하여 하나님의 말씀을 가르치라는 말과 같다. 동물이야 말로 부모가 그 습성과 특성을 알기만 한다면 쉽게 자녀를 하나님의 말씀과 교훈으로 인도하는 자연스런 교육 자료가 되는 것이다.

실제로 이 책의 매뉴얼대로 가정에서 교육을 받은 아이들은 특정 동물과 그와 관련된 교훈을 쉽게 잘 기억해냈다. 한 아이는 주택가의 나무줄기를 타고 노는 다람쥐를 볼 때마다 부모에게 이렇게 말하곤 한다. "다람쥐는 기억력이 좋아요. 자기가 숨겨놓은 도토리가 어디에 있는지 잘 찾아내지요. 우리도 하나님 말씀을 잘 기억해야 해요."

또 어떤 아이는 풀밭에 기어 다니는 달팽이를 볼 때마다 배운 것을 잘 기억해 낸다. "달팽이는 풀잎도 먹지만 바위도 먹고 살지. 그래야 껍데기가 튼튼해지니까. 우리도 튼튼해지려면 먹고 싶은 것만 먹으면 안 돼."

이 책을 통해 교육받은 아이들은 적어도 살아가면서 52마리의 동물들을 보거나 접하게 될 때마다 배운 교훈과 하나님의 말씀을 떠올리게 될 것이다.

대부흥에 거미가 쓰임받다!?

동물이 최고의 신앙 교육 자료인 것은 유수한 설교자들에 의해 증명되어 왔다. 18세기 미국의 대부흥을 위해 쓰임 받았던 조나단 에드워즈(Jonathan Edwards)는 '진노한 하나님의 손에 붙잡힌 죄인들'(Sinners in the Hands of an Angry God)이라는 설교를 했다. 에드워즈는 이 설교를 통해 지옥을 향해 달려가고 있는 죄인들의 상태를 적나라하게 묘사했고, 청중들은 설교가 끝나기도 전에 두려움에 떨며 눈물로 회개하는 역사가 일어났다.

그런데 이 놀라운 대부흥의 역사에 사용되었던 동물이 있었다. 에드워즈는 그 설교에서 인간이 붙들고 있는 것들, 건강과 신중함, 완벽한 계획과 의로움 등이 지옥에 떨어지게 하는 것을 막을 수 없다는 사실을 묘사하면서 거미와 거미줄의 비유를 사용했다.

한 가닥의 거미줄에 대롱대롱 매달려 있는 거미를 떠올려보라. 거미는 그 거미줄만 붙들고 있으면 안전하리라고 생각할지 모른다. 그러나 불행히도 거미줄은 한 사람의 손에 붙들려 있다. 그것도 활활 타오르는 불 위에서 말이다. 그 거미의 생명은 그 거미줄을 붙들고 있는 사람의 손에 달려있는 것이다.

에드워즈는 악인의 생명이 이와 같다고 했다. 하나님께서 악인을 지옥 불 위에서 그와 같이 다루신다는 것이다. 또한 거미가 아무리 자신이 지은 거미집이 견고하다고 믿고 있지만, 떨어지는 작은 돌멩이 하나에 부서지고 마는 것이 거미집이다. 인간이 붙들고 있는 것이 아무리 견고하게 여겨질지라도, 그것은 돌멩이 하나에 부서지고 마는 거미집과 같다. 허무한 것을 붙들고 있는 악인은 이미 하나님의 진노의 손에 붙들려 있는 존재인 것이다.

에드워즈의 이러한 생생한 비유를 들었을 때, 청중은 인생의 위태로운 상황이 무엇과 같은지를 머릿속으로 또렷하게 그려보게 되었을 것이다. 그리고 자신들의 모습이 그와 같음을 깨닫고 하나님을 더욱 찾게 되었을 것이다. 물론 청중의 변화는 전적으로 성령 하나님의 역사로 인한 것이다. 그리고 설교자의 열정과 설교 전문의 영향을 무시할 수 없다. 그러나 교육적인 측면에서 위 거미 비유가 청중의 의식 변화에 지대한 역할을 했던 것은 부인할 수 없는 사실일 것이다.

길선주 목사와 개

우리나라의 초기 기독교 부흥의 때에 활동했던 설교자들 또한 그들의 설교에서 동물을 자주 등장시켰다. 그 대표적인 인물로서 평양 대부흥의 때에 쓰임 받았던 길선주 목사는 하나님께서 인간에게 '자유의지'를 주신 이유를 설명하면서 동물을 다음과 같이 비교하였다.

"닭이 새벽 시간을 맞추는 것은 하나님이 그렇게 지은 까닭입니다. 보십시오! 기계적인 창조물은 향상도 없고 발전도 없습니다. 옛날의 까치가 둥지를 만든 것이나 오늘의 까치둥지가 틀림없이 똑같습니다. 인간에게는 자유가 있으므로 향상도 있고 발전도 있습니다. 기계적인 복종은 복종이 아닙니다."

또한 길선주 목사는 성도의 덕목 중 '성결'에 대한 설교를 하면서 집에서 기르던 개 이야기를 꺼냈다. 아마 이 부분은 길선주 목사의 익살과 유머가 어떠했는가를 보여주는 대목이기도 할 것이다.

"제가 집에서 개 한 마리를 길렀습니다. 이 개는 매우 영리하고 유순하고 잘 뛰노는 고로 제가 퍽 사랑하고, 개도 저를 만날 때마다 뛰어와서 반기곤 했습니다. 하루는 이 개가 어떤 길가에서 어린아이의 배설물을 먹다가 나를 멀리서 보고 달려와서 껑충껑충 뛰면서 저를 가까이하려 할 때에 저는 이를 용납하지 않고 발로 차 버렸습니다. 그 입이 더러운 까닭입니다."

아무리 우리가 하나님을 사랑한다 할지라도, 우리 마음과 입술이 더러우면 하나님의 배척을 면치 못할 것이라는 것이 이 메시지의 요점이었다.

이 비유를 들은 성도들의 반응은 어떠했을까? 아마 길에 지나가는 개를 볼 때마다 성도의 거룩한 생활의 중요성을 떠올렸을 것이다. 길선주 목사는 동물이 훌륭한 교육적 장치가 됨을 알고 있었다.

동물은 아이들에게는 '신기한 세계'이고, 어른들에게는 '신비한 세계'이다. 특별히 동물들의 생존 방식을 통해서 우리는 삶의 지혜를 배우고 영감을 얻을 수 있다. "개미에게 가서 지혜를 배우라"고 했던 잠언 기자의 말처럼, 우리는 소중한 것을 동물에게서 배울 수 있다.

그런데 배울 수 있는 지혜가 비단 개미에게서 뿐이랴! 지구상에 존재하는 수많은 동물들이 제각기 하나님의 창조물로서 오묘한 지혜를 간직한 채 살아가고 있다. 그 보석 같은 지혜를 캐내는 일이야 말로 얼마나 흥미롭고 가슴 벅찬 일인가!

그리고 하나님께서 숨겨두신 그 지혜를 그분의 말씀과 함께 자녀에게 가르치는 일이야 말로 얼마나 신나고 가슴 뛰는 일이겠는가! 더욱이 동물은 생생한 시청각 자료로써 그 교육적 효과가 배가될 것이다.

다음 장에서는 각 교안을 어떻게 활용할 것인지에 살펴볼 것이다.

52주 매뉴얼

1장 52주 매뉴얼 사용 방법

2장 52주 동물원편

1장

52주 매뉴얼 사용 방법

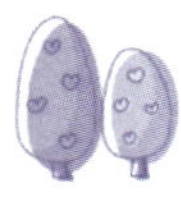

1. 52주 매뉴얼 사용 방법

이 책에 수록된 가정예배 혹은 가정에서 말씀을 가르치는 것은 영어 알파벳 P.A.R.T.S의 순서를 따른다. 영어로 parts는 어떤 사물의 '부분'을 뜻한다. 우리는 예수 그리스도의 지체들이다. 성경은 우리가 그리스도의 지체라고 말한다. "우리는 그 몸의 지체임이라"(엡 5:30). "너희 몸이 그리스도의 지체인 줄을 알지 못하느냐"(고전 6:15). 또한 예수님은 교회의 머리가 되신다. "그는 몸인 교회의 머리시라"(골 1:18). "그를 만물 위에 교회의 머리로 삼으셨느니라"(엡 1:22). 즉, 그리스도의 지체들인 우리가 각 가정에서 하나님의 말씀을 배우고 그분을 예배한다면 모든 크리스천 가정들은 그리스도로 말미암아 하나의 교회가 될 것이다.

교회의 가장 큰 존재 목적은 하나님을 예배하는 것이다. 우리가 각 가정에서 하나님을 예배할 때 그리스도의 몸인 교회가 온전하게 세워질 것이다. 가정예배(P.A.R.T.S)는 이런 점에서 의미가 있다.

P.A.R.T.S가 각각 의미하는 바는 다음과 같다.

- P: 찬양 Praise God
- A: 흥미유발 이야기 Attract Interest
- R: 성경 읽기 Read the Bible
- T: 대화 Talk about It
- S: 기도 Speak to God

1단계 [P: 찬양 Praise God]

이 단계는 찬양으로 하나님께 나아감과 동시에 아이들의 흐트러져 있던 마음을 예배와 말씀으로 모아지게 하는 단계이다. 가능하면 아이들이 좋아하는 찬양을 중심으로 골라서 율동과 함께 부르도록 하자.

2단계 [A: 흥미유발 이야기 Attract Interest]

이 단계는 아이들의 흥미를 유발하는 단계이다. 각 교안에 맞는 해당 동물의 그림을 보여주고(해당 본문에서와 책 뒤 부록에서), 동물의 신기한 특성과 생존 방식 등을 설명해 주는 일들이 자녀의 흥미를 유발하고 호기심을 자극하는 일에 해당한다. 또한 준비된 질문들을 통해 그 동물의 특성이 어떻게 주제(교훈)와 연결되는지 생각해 보게 한다.

만약 부모가 매주 매뉴얼을 미리 준비하면서 충분한 시간을 가지고 있다면, 해당 동물의 특성에 대해서 별도의 리서치를 해 보길 바란다. 인터넷 검색을 통해 해당 동물의 습성에 관한 정보를 쉽게 얻을 수 있을 것이며, 또한 더욱 생생한 사진자료도 얻을 수 있을 것이다. 여건이 된다면, 이 책과 함께 제공된 그림자료 외에 검색을 통해 직접 찾은 생생한 사진자료를 출력해서 아이들에게 보여주는 것도 좋을 것이다.

3단계 [R: 성경 읽기 Read the Bible]

우리가 궁극적으로 아이들에게 가르치려고 하는 것은 하나님의 말씀, 곧 성경이다. 그날의 주제를 다함께 큰 소리로 외치고 난 후, 부모는 자연스럽게 아이들의 시선을 성경 말씀으로 이끈다. 가능하면 아이들 스스로 성경 구절을 찾아보도록 이끌어 주고, 성경책이 없거나 나이가 너무 어린 자녀를 위해서 미리 큰 종이에 그날의 성경 구절을 적어놓고 보여주는 것도 좋은 아이디어이다. 성경 구절 또한 다함께 큰 소리로 두 번 정도 읽거나, 한 사람씩 돌아가면서 읽게 한다.

각 매뉴얼의 성경 구절은 그날의 요절 말씀이 된다. 한 주간 동안 교훈과 함께 요절 말씀을 마음에 새기며 외우게 한다. 암송 말씀을 잊지 않게 하기 위해 부모는 지난 주에 외웠던 말씀을 이번 주에 다시 확인해 볼 수도 있고, 두 달이나 세 달 단위로 나눠서 외운 말씀을 줄줄이 암송해 보도록 하는 방법도 있을 것이다.

이렇게 단위별로 몰아서 암송 테스트를 할 경우에는 그것이 '테스트'가 아니라 '이벤트'로써 인식하게 하는 것이 중요하다. 해당 암송 구절들을 모두 성공적으로 외웠을 경우에는 자녀에게 선물을 주거나 맛있는 음식을 차려주면서 아이들이 스스로 뿌듯한 성취감을 갖도록 한다.

4단계 [T: 대화 Talk about It]

이 단계에서 부모는 아이들의 생각을 자극하는 질문을 던지게 된다. 그 질문들은 2단계에서 배운 해당 동물에 대한 기본 지식을 바탕으로 만들어져 있고, 상호 대화를 통해 아이들이 자연스럽게 결론에 도달하도록 이끌어 준다.

부모는 이 단계의 내용을 완전히 숙지하고 있어야 한다. 또한 준비하면서 떠오르는 자신만의 질문들을 여백에 적어놓았다가 활용하기도 하고, 매뉴얼에 제시하지 못한 적용 사례들을 아이들과 함께 나누면 이 시간이 더욱 풍성해질 것이다.

5단계 [S: 기도 Speak to God]

이 단계는 단순히 기도로 모든 시간을 마치는 단계가 아니다. 부모는 이 단계를 아이들이 배운 것을 스스로 정리할 수 있는 기회로 삼을 수 있다. 부모의 대표 기도로 이 시간을 끝내지 마라. 가족 구성원 한 사람 한 사람이 돌아가면서 자신이 무엇을 배웠고, 무엇을 깨달았으며, 어떻게 살아야겠노라고 다짐하는 기도를 드리게 하라.

자녀가 고학년 초등학생인 경우에는 매뉴얼에 제시된 대로 기도에 들어갈 내용을 다시 상기시켜 주고, 저학년 이하인 경우에는 부모가 대신 기도해 주면서 한마디씩 따라하게 한다.

2. 성공적인 가족모임을 위한 제안

1. 미리 준비하라

부모는 자녀와 함께 가족 모임(가정예배)을 갖기 전에 매뉴얼과 성경책을 펴놓고 그날 가르칠 교훈과 주제를 미리 살펴봐야 한다. 교안의 순서와 내용을 숙지해둬야 할 뿐만 아니라, 개별적인 말씀 연구와 적용 질문을 통해 안내서의 부족한 부분을 보충하라. 가족 특유의 상황은 부모만이 알고 있다. 부모는 제시된 안내서를 변형하여 가족과 자녀의 상황에 맞도록 영적 진리를 가르칠 수 있어야 한다.

2. 방해 요소를 제거하라

열심히 준비한 가족 모임을 전화벨 소리와 같은 하찮은 요소로 방해받아서는 안 될 것이다. 온전한 가족 모임이 되기 위해서는 미리 전화선은 빼놓고, 핸드폰 또한 꺼놓는 것이 지혜로운 방법이다. 또한 가정예배를 드리기 직전에는 TV를 켜놓지 않는 것이 좋다. 어른이든 아이든 한참 보던 TV를 끄게 되면 기분이 상하게 될 뿐만 아니라 오랫동안 화면의 잔영이 머릿속에 남아 해야 할 일에 집중하지 못하게 된다.

3. 꾸준히 모임을 가지라

자녀 교육의 핵심은 부모의 일관성이다. 만약 일주일에 한 번씩 정기적으로 모여 가정예배를 드리기로 했다면, 그 약속을 꾸준하게 지켜 행하라. 이러한 부모의 일관된 모습을 통해 자녀들은 가족 모임의 중요성을 인식하게 되고, 부모의 신실함을 통해 하나님의 신실하신 모습을 발견하게 된다.

2장

52주 동물원편

1월 말씀의 삶

2월 새로운 성장

3월 새로운 마음가짐

4월 성장의 대가

5월 믿음의 삶

6월 건강한 대인관계

7월 승리의 삶

8월 구별된 삶

9월 성숙의 삶

10월 정결한 삶

11월 지혜의 삶

12월 영적인 삶

말씀의 삶

- 튼튼한 둥지를 짓는 멋쟁이 새 – 말씀 위에 집을 지으라
- 낙타의 제3의 눈꺼풀 – 말씀으로 세상을 보라
- 얼어 죽지 않는 황금방울새 – 말씀으로 마음을 뜨겁게 하라
- 되새김하는 소 – 말씀을 묵상하라
- 도토리의 위치를 기억하는 다람쥐 – 말씀을 암송하라

1월 첫째 주

목표: 튼튼하게 지어야 할 집들은 무엇이고, 이를 위해 어떻게 해야 하는지를 깨닫게 한다.

튼튼한 둥지를 짓는 **멋쟁이 새**

– 말씀 위에 집을 지으라

1 단계: 찬양 아이들과 함께 즐거운 찬양하기!

2 단계: 흥미유발 이야기

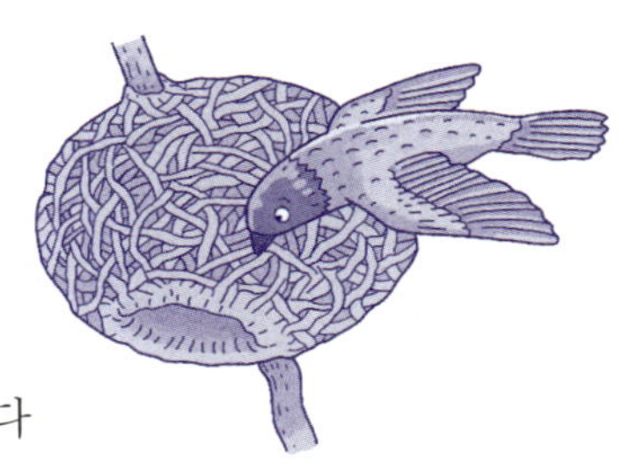

혹시 멋쟁이 새라고 들어봤니? 멋쟁이 새는 말 그대로 아주 멋지게 생겼단다. 깃털은 형형색색 아름다운 색깔로 수놓아져 있고, 울음소리 또한 예쁘고 아름답지(참고: 북한에서는 이 새를 산까치라고 부른다). 먹이로는 주로 작은 나무 열매를 따먹고, 가끔 곤충도 잡아먹는단다.

멋쟁이 새는 예쁜 색깔로도 유명하지만, 사실 사람들을 더 감탄하게 만드는 것이 따로 있단다. 그게 뭘까? (아이들의 대답을 들어준 후) 거의 모든 새들이 둥지를 만들지만, 멋쟁이 새만큼 섬세하고 튼튼하게 만들지는 못한단다. 멋쟁이 새의 둥지는 너무 정교해서 빈틈이 없을 정도란다. 그래서 멋쟁이 새를 영어로는 'weaver bird'라고 하지. 굳이 번역한다면 '직공새', 즉 천을 짜는 새라고 할 수 있을 거야. 직물을 짜는 것 같이 아주 섬세하고 튼튼하게 둥지를 만든다는 거지. 이 둥지는 둥그런 벌집 모양으로 생겼는데, 입구가 아랫부분에 있어서 빗물도 안 들어갈 뿐만 아니라 다른 천적으로부터 새끼를 보호할 수 있다고 한단다.

그런데 더 놀라운 사실이 있단다. 수컷 멋쟁이 새가 둥지 한 개를 만들고 나면 암컷이 검사를 한다는 거야. 둥지가 얼마나 잘 지어졌는지 말이야. 만약 암컷의 기준에 미치지 못하면 수컷은 둥지를 허물고 몇 번씩이나 다시 짓는다는구나.

- 암컷이 원하는 둥지는 어떤 둥지일까?

  (안전하고 튼튼한 둥지, 알을 낳고 새끼를 키울 수 있도록 …)
- 오늘의 교훈은 무엇일까? (아이들의 대답을 듣고 격려해 준 후, 오늘의 교훈을 따라하게 한다. – "튼튼한 집을 지으라.")

3 단계: 성경 읽기 마 7:24(주제: 반석 위에 집을 지으라)

4 단계: 대화

〈요절 설명〉 오늘 말씀은 예수님께서 하신 말씀이지. 지혜로운 사람이라면 모래 위가 아니라 반석 위에 집을 짓는다는 얘기야. 그 이유가 25절에 나온단다. 튼튼한 반석 위에 지은 집은 비가 오고 바람이 불어도 무너지지 않아. 심지어 홍수가 나서 급류가 생겨도 떠내려가지 않지. 기반이 튼튼하기 때문이란다.

〈반석 위에 지은 집〉 멋쟁이 새의 둥지 또한 아주 튼튼해서 비가 오고 바람이 불고 태풍이 불어도 끄떡없다고 한단다. 그만큼 아주 빈틈없이 지었다는 얘기지. 그러나 만약 멋쟁이 새가 대충 둥지를 짓는다면 어떻게 될까?(비가 오면 빗물이 새고 바람이 불면 틈이 벌어져서 새끼 새들이 안전하지 못할 것이다.) 그래, 이것은 마치 모래 위에 집을 짓는 것과 같을 거야. 모래 위에 집을 지으면, 비가 오거나 홍수가 나면 기반이 약해서 무너져 내리거나 휩쓸려가겠지.

우리가 살아가면서 튼튼하게 지어야 할 것들이 있단다. 어떤 것들이 있을까?(신앙, 공부, 운동, 가정 등등) 특히 예수님 안에서 튼튼한 가정을 만들려면 어떻게 해야 할까?(예수님 말씀 위에 가정을 세워야 한다. 이를 위해 가정예배와 같은 말씀 배우는 시간이 필요함을 설명한다.)

〈힘듦을 감수해야〉 그런데 반석 위에 집을 짓는 것과 멋쟁이 새가 빈틈없이 튼튼하게 둥지를 만드는 것 사이에는 공통점이 있단다. 무엇일까? 바로 '짓기 힘들다'는 거야. 바위 위에 집을 지으려면 기둥이 세워질 구멍을 파야 하는데, 딱딱한 바위 위에 구멍을 파는 것은 쉬운 일이 아니지. 또 완벽한 둥지를 만드는 일도 몇 번의 실패를 거듭해야 하고 세심한 주의를 기울여야 하기 때문에 여간 힘든 일이 아닐 거야.

무슨 말인가 하면, 우리가 인생의 튼튼한 집을 지으려면, 힘든 것을 감수해야 한다는 거야. 힘들이지 않고 모래 위에 쉽게 지은 집은 태풍이 불면 무너져 버리고 말지. 뭐든지 힘들이지 않고 한 일은 위기의 순간에 무너지게 되어 있단다. 운동선수가 힘들다고 연습을 안 하다가 시합에 나가게 되면 어떻게 될까?

- 예수님은 마귀의 공격을 어떻게 이겨내셨을까? (말씀으로, 마 4장;눅 4장)
- 우리도 영적 성장을 위해서 필요한 도구는 무엇일까? (말씀)

5 단계: 기도

- 멋쟁이 새를 통해 교훈을 얻게 하신 하나님께 감사드리고,
- 견고한 반석 위에 튼튼한 집을 짓는 사람이 되게 해 달라고 기도하렴.

1월 둘째 주

목표: 하나님 말씀의 중요성을 깨닫게 한다.

낙타의 제3의 눈꺼풀

– 말씀으로 세상을 보라

1 단계: 찬양 아이들과 함께 즐거운 찬양하기!

2 단계: 흥미유발 이야기

고대로부터(약 4천 년 전부터) 오늘날까지 사막의 운송수단으로 사용되고 있는 동물이 있지? 무엇일까? 그래, 낙타(camel)란다(참고로, 낙타의 히브리 원어 Gamel은 '짐을 나르다'라는 뜻이다). 낙타는 사막 기후에 잘 적응할 뿐만 아니라 힘이 아주 좋아서 오래전부터 무거운 짐을 나르는 운송수단으로 사용되어 왔단다.

사막에서는 물이 없으면 살 수 없지. 사람이 사막에서 하루 동안 물을 마시지 못한다면 죽게 된다고 하는구나. 그런데 낙타는 물 없이 며칠이나 버틸 수 있는지 아니? 낙타는 사막에서 물 한 모금 마시지 않고 무거운 짐을 나르면서도 7일이나 버틸 수 있다고 하는구나.

어떤 사람들은 낙타의 혹 속에 물이 들어있다고 생각하는데, 그것은 틀린 말이야. 낙타의 혹은 물이 아니라 지방으로 이르어져 있단다. 이것이 차츰 낙타에게 필요한 수분과 영양분으로 분해되는 거지. 그래도 낙타가 한 번에 엄청난 양의 물을 마실 수 있는 것은 정말 사실이야. 낙타는 한 자리에서 190리터(약 50갈론)나 마실 수 있어.

그런데 낙타의 눈에는 정말 놀라운 것이 숨어 있어. 우리 인간에게는 없는 것이지. 바로 제3안검이라고 부르는데 쉽게 말하면, 제3의 눈꺼풀이라고 할 수 있지(참고: ① 사람은 두 개의 눈꺼풀을 가지고 있다: 상안검과 하안검 ② 낙타 외에 다른 포유류, 파충류, 새, 물고기 등에서도 제3안검이 종종 나타난다).

그러니까 겉으로 보이는 눈꺼풀 속에 투명한 눈꺼풀이 또 있는 거야. 이 눈꺼풀의 특징은 투명하다는 것과 좌우로 움직인다는 거지.

- 낙타는 이 눈꺼풀이 왜 필요할까? (모래 바람 속에서 앞을 보기 위해: 사막에서 모래 바람이 불면 눈을 뜰 수가 없을 정도가 된다. 그러나 낙타는 거친 모래 바람 속에서도 제3안검을 이용하여 앞을 볼 수 있다.)
- 오늘의 교훈을 생각해 보자. 무엇일까? (아이들의 대답을 들어준 후, 오늘의 교훈을 따라하게 한다. – "말씀으로 세상을 보라.")

3 단계: 성경 읽기 시 119:105(주제: 말씀은 내 발의 등이요 빛이다)

4 단계: 대화

〈요절 설명〉 오늘 말씀은 하나님의 말씀이 우리에게 얼마나 중요한지를 알려주고 있단다. 앞이 하나도 보이지 않는 깜깜한 장소에서는 발을 어디다 내디뎌야 할지 알 수가 없지. 그런 곳에서는 반드시 앞을 비춰주는 등불이 필요하단다. 하나님의 말씀이 바로 이와 같은 역할을 한다는 거야. 발길을 비춰주는 등불 말이야.

〈말씀: 보게 해준다〉 낙타의 제3의 눈꺼풀은 모래폭풍이 불어 앞이 보이지 않는 상황 속에서도 길을 잃지 않고 앞으로 나아갈 수 있게 해준다고 했지. 우리 믿는 사람들에게도 낙타의 제3의 눈꺼풀과 같은 역할을 해주는 것이 있단다. 그것이 바로(성경책을 들어 올리며) 이 하나님의 말씀이란다. 우리는 지금 바른 길을 분간하기 어려운 혼탁한 세상에 살고 있단다. 잘못된 종교들, 잘못된 과학, 잘못된 윤리관, 잘못된 가치관들이 사람들로 바른 판단을 하지 못하게 하고 있단다. 우리의 맨눈으로는 세상의 이 혼탁함 때문에 바른 길을 분간해낼 수가 없어. 그러나 하나님의 말씀을 통해서 보면, 세상의 혼탁함 속에서도 바른 길을 가고 바른 판단을 할 수 있게 된단다.

〈말씀: 보호해준다〉 낙타의 제3의 눈꺼풀과 오늘 말씀의 등불은 앞을 보게 해 줄 뿐만 아니라, 보호해주는 역할을 한단다. 즉, 낙타의 제3의 눈꺼풀은 낙타의 눈을 보호해주고, 등불은 사람을 보호해 주지.

하나님의 말씀도 마찬가지란다. 말씀은 혼탁한 세상 속에서 바른 판단을 하게 해줄 뿐만 아니라, 우리가 잘못된 길에 빠지지 않도록 보호해 준단다. 특히 '눈은 영혼의 창'이라는 말이 있지. 이 말이 오늘 교훈과 잘 연결되는 것 같구나. 제3의 눈꺼풀이 낙타의 눈을 보호해 준다면, 하나님의 말씀은 우리의 영혼을 보호해 준다고 말할 수 있지. 우리가 말씀에 순종하며 살 때, 우리는 깨끗한 영혼을 간직하게 되는 거란다.

5 단계: 기도

- 우리가 바른 길을 갈 수 있도록 성경을 주신 하나님께 감사드리고,
- 열심을 내어 하나님의 말씀을 더욱 알아가게 해 달라고 기도하렴.

1월 셋째 주

목표: 신앙의 혹한기에 순수한 믿음을 유지하며 살아갈 수 있는 방법을 깨닫게 한다.

얼어 죽지 않는 황금방울새

– 말씀으로 마음을 뜨겁게 하라

1 단계: 찬양 아이들과 함께 즐거운 찬양하기!

2 단계: 흥미유발 이야기

(그림을 보여주며) 이 새의 이름을 한번 맞춰볼까? (아이들의 다양한 대답을 들어주며 힌트도 조금씩 준다.) 이렇게 머리와

등, 배 부분이 예쁜 노란색을 띠고 있어서 황금방울새(goldfinch)라고 하지(참고로, '사계'로 유명한 작곡가 비발디는 이 새를 예찬하며 플루트 협주곡 '황금방울새'를 작곡하기도 했다).

크기는 참새보다 조금 작은 편이고, 주로 식물의 씨앗을 먹고 살지. 물론 가끔 벌레도 잡긴 하지만, 그땐 주로 새끼들에게 단백질을 공급하기 위해 그렇게 한다는구나.

황금방울새는 정말 특이한 새란다. 보통 많은 새들이 날씨가 차가워지고 겨울이 되면 먹을 것을 얻기 위해 따뜻한 지역으로 이동을 하지. 그러나 황금방울새는 추운 겨울이 와도 살던 곳에 그대로 머물러 산단다.

그런데 과학자들이 처음에 신기해했던 건, 어떻게 그렇게 작은 새가 추운 겨울에 얼어 죽지 않고 살아갈 수 있느냐는 거야. 몸집이 작으면 그만큼 몸의 열도 빨리 잃게 되는데 말이야. 황금방울새는 어떻게 추운 겨울에도 살아갈 수 있는 걸까? 따뜻한 둥지를 지어서 그 안에 숨어 지낼까? (이 새는 겨울에 둥지를 짓지 않는다. 여름에 알을 낳기 위해서만 짓는다.)

황금방울새가 추운 겨울을 나는 비결은 이 새의 몸속에 있단다. 겨울에 이 새의 심장 박동수는 1분에 500회가 넘는다고 하는구나(참고로, 인간은 60~80회 정도다). 작은 심장이 쉴 새 없이 계속 뛰면서 몸속에 따뜻한 피를 공급해 주지. 그리고 작은 근육들도 몸의 떨림 현상을 일으켜서 열을 낸다고 한단다(사람도 추울 때 몸이 떨리는 것과 같은 현상이다). 결국 황금방울새는 몸속에서 스스로 열을 만들어 내기 때문에 추운 겨울을 무사히 날 수 있는 거란다.

- 황금방울새가 열을 내기 위해 그렇게 심장도 빨리 뛰고, 근육도 움직이려면 무엇을 열심히 해야 할까? (먹이를 열심히 먹어서 영양분을 공급받아야 한다. 먹이는 주로 겨울 식물의 씨앗들이다.)
- 오늘의 교훈은 무엇일까? (아이들의 대답을 들어준 후, 오늘의 교훈을 따라하게 한다. - "말씀으로 마음을 뜨겁게 유지하라.")

3 단계: 성경 읽기 눅 24:32(주제: 말씀이 마음을 뜨겁게 한다)

4 단계: 대화

〈요절 설명〉 오늘 말씀은 엠마오로 가는 두 제자에게 일어난 일이란다. 예수님의 두 제자가 죽으신 예수님에 관한 이야기를 나누며 엠마오라는 마을로 가고 있었지. 그런데 한 남자가 그들 사이에 껴서 하나님 말씀을 풀어서 설명해 주었단다. 이 남자가 누구지? 그래, 예수님이셨어.

그러나 두 제자는 그가 누군지 알지 못했단다. 마을에 다다라서 음식을 먹고 나서야 그가 다시 살아나신 예수님이라는 사실을 알게 되었지. 그리고 서로가 이렇게 고백하고 있는 거란다(다시 요절을 읽는다).

〈마음을 뜨겁게 하라〉 황금방울새가 추운 겨울에도 살아남을 수 있는 비밀은 몸 밖이 아니라 몸속에 있었지. 몸속에서 근육과 심장의 운동으로 따뜻함이 유지되는 거지. 그런데 우리 믿는 사람들도 신앙적으로 추운 겨울을 지낼 때가 많이 있단다. 믿음을 순수하게 유지하면서 살기가 어려울 때가 있어. 어느 때일까? (대답을 들어준 후) 하나님을 무시하는 사회 속에서 살 때 믿음을 유지하기 어렵겠지(예: 기독교 박해 시대). 하나님을 모르고 교회를 우습게 여기는 반 친구들과 있을 때에도 믿음을 유지하기 어려울 거야. 창조론을 우습게 여기는 과학 선생님한테 진화론을 배울 때에도 참 힘들 거야. 이렇게 믿음 생활하기 힘든 시절에 하나님의 자녀로 살아날 수 있는 방법이 바로 우리 마음을 뜨겁게 하는 거란다.

〈말씀이 그 비결이다〉 그럼, 신앙적으로 어려운 시기에 어떻게 마음을 뜨겁게 유지할 수 있을까? 황금방울새가 추운 겨울에 하는 일이 열심히 씨앗을 찾아 먹는 거라고 했지. 몸에 필요한 영양분과 에너지를 공급하기 위해서 말이야. 마찬가지로, 우리도 그렇게 하면 된단다. 바로 하나님 말씀을 읽고 묵상하는 거야. 말씀이 우리 안에 들어오면 그것은 영적 양식이 되어서 믿음이 식지 않도록 에너지를 공급해 주지. 말씀을 읽고 공부하면 가슴이 뜨거워진단다. 엠마오로 가는 두 제자에게 일어날 일처럼 말이야(오늘날 성도들이 사는 이 시대는 절대적 가치에 대한 불신과 부정, 그릇된 성윤리 등이 판을 치는 영적 혹한기이다. 이러한 때에 우리의 자녀들을 거룩한 하나님의 자녀로 살아가게 하기 위해서 말씀이 그 비결임을 깊이 인식하고 자녀를 지도하라).

5 단계: 기도

- 이 험한 시대에 말씀으로 더욱 뜨겁게 하시고,
- 순수한 믿음을 유지하며 거룩한 하나님의 자녀로 자라게 해달라고 기도하렴.

1월 넷째 주

목표: 말씀 묵상의 중요성과 그 방법을 알게 한다.

되새김하는 소

– 말씀을 묵상하라

1 단계: 찬양 아이들과 함께 즐거운 찬양하기!

2 단계: 흥미유발 이야기

오늘은 듬직한 소에 대해서 알아보도록 하자꾸나. 자, 우리 한번 소가 어떻게 우는지 소 울음소리를 크게 내볼까? 준비하시고, 시~작! (음메~)

알고 보면, 소처럼 아주 흥미로운 동물도 없단다. 소가 풀을 뜯어먹고 있는 모습을 자세히 관찰해 본 적이 있니? 소는 어떻게 풀을 뜯어먹을까? (아이들의 대답을 들어준 후) 이빨로 풀을 물어서 뜯어 먹을까? (소는 윗니가 없어서 이빨로 풀을 뜯을 수가 없다.) 그럼, 입술을 이용해서 풀을 뜯어 먹을까?

소는 혀를 이용해서 풀을 뜯어 먹는단다. 혀로 풀을 둘둘 휘감아서 뜯는 거지. 이런 식으로 하루 6시간이나 풀을 뜯어먹는다고 하는구나.

소에게서 가장 흥미로운 것이 뭔지 아니? 소는 되새김질을 한다는 거야. 사람은 위가 하나라서 한 번 음식을 먹으면 그것으로 끝나지만, 소는 위가 네 개로 나누어져 있단다. 처음 삼켜진 음식은 첫 번째 가장 큰 위에 저장되어 있다가 다시 입으로 넘어오게 되지. 그러면 소는 그 음식을 다시 자근자근 잘 씹는데, 이것을 되새김질이라고 한단다. 되새김질이 끝난 음식은 (식도를 거쳐) 두 번째 위로 들어가게 되고 세 번째, 네 번째 위를 거치면서 풀과 잡초의 영양소들이 소의 몸속으로 완전히 흡수되게 되지.

그런데 소는 이 되새김질을 하루에 평균 8시간씩이나 한다는구나(참고: 이런 동물을 '반추동물'이라고 함. 염소, 사슴, 기린, 낙타 등이 이에 속함).

- 소는 풀을 하루 6시간 뜯어먹고, 그 풀을 다시 8시간 되새김질 한다고 했지. 그럼 둘 중에 무엇이 소에게 더 중요한 걸까? 그리고 왜 그럴까? (되새김질, 되새김질을 하지 않으면 거친 풀을 온전히 소화시킬 수 없기 때문이다.)
- 오늘의 교훈은 무엇일까? (아이들의 대답을 들어준 후, 오늘의 교훈을 따라하게 한다. – "하나님 말씀을 되새김질하라.")

3 단계: 성경 읽기 시 1:1–2(주제: 말씀을 묵상하라)

4 단계: 대화

〈요절 설명〉 오늘 말씀은 복 있는 사람이 되는 비결을 가르쳐주고 있단다. 물론 나쁜 생각을 갖거나 나쁜 사람과 사귀어서는 안 되겠지(1절). 그러나 복 있는 사람이 되기 위해서 이것들보다 더 중요한 것이 있단다. 바로 하나님의 말씀을 묵상하는 거야(2절).

〈묵상이란〉 그럼, 묵상이란 무엇일까? 성경 말씀을 그냥 읽고 끝나는 것일까? 아니면, 말씀을 암송하는 것일까? 묵상이란 읽은 말씀이나 암송한 말씀을 마음속에 품고 그 말씀 속에 담긴 깊은 뜻을 찾아가는 과정이란다. 마치 소가 한 번 삼킨 음식을 그대로 소화시키지 않고 다시 되씹으면서 영양분을 흡수하듯이 말씀을 거듭거듭 생각해 보며 그 속에 담겨있는 깊은 뜻을 깨달아가는 거지. 그래야 우리의 믿음이 더욱 자라갈 수 있는 거야. 이런 점에서 묵상은 소의 되새김질과 비교될 수 있는 거란다.

〈묵상의 방법〉 그럼, 묵상은 어떻게 하는 걸까? 묵상하는 방법이 여러 가지가 있을 수 있지만 오늘 말씀에 보면, 아주 간단한 방법이 나와 있단다.

첫째, 묵상을 잘 하려면 기본적으로 하나님 말씀을 즐거워하는 마음을 가지고 있어야 한단다(시 1:2). 꿀보다도 더 단 것이 하나님의 말씀이라고 했지(시 19:10). 이 사실을 아는 사람은 항상 말씀을 가까이 하면서 먹고 또 먹으며 되새겨보게 된단다. 그 과정에서 마음속으로 질문도 해보고 기도도 하면서 자연스럽게 새로운 진리를 발견하게 되는 거지.

그리고 두 번째는, 바로 시시때때로 하라는 거야(시 1:2). 물론 큐티와 같이 묵상하는 시간을 따로 정해서 하는 것도 필요하겠지만, 오늘 말씀에서 복 있는 사람은 항상 언제 어디서나 묵상하는 사람을 가리킨단다(적용의 예를 들어 주라. 예: 자동차 안에서, 교실 청소하면서, 잠자기 전 등등).

그밖에 또 어디에서 하나님 말씀을 묵상할 수 있을까?

5 단계: 기도

- 하나님의 말씀을 더욱 즐거워하게 하시고,
- 말씀 묵상이 생활화 되어서 믿음이 매일 자라게 해달라고 기도하렴.

1월 다섯째 주

목표: 말씀 암송의 중요성을 인식하게 한다.

도토리의 위치를 기억하는 **다람쥐**

– 말씀을 암송하라

1 단계: 찬양 아이들과 함께 즐거운 찬양하기!

2 단계: 흥미유발 이야기

오늘 우리가 살펴볼 동물은 다람쥐란다. 다람쥐는 사람이 많이 사는 도시에서는 볼 수 없지만, 사람이 한적한 시골 산 속에서는 흔히 발견되는 귀여운 동물이지.

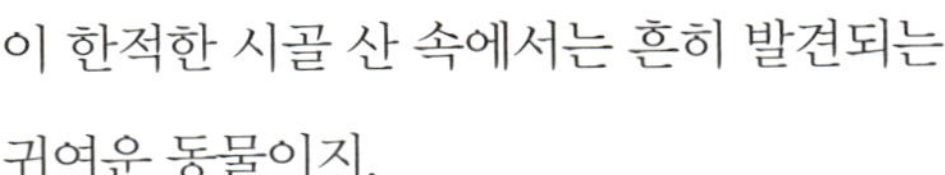

다람쥐는 나무를 잘 타고, 나뭇가지 사이사이를 요리조리 잘도 뛰어 다니지. 어떤 다람쥐는 나무와 나무 사이를 날아서 옮겨 다니기도 한단다(엄밀히 말하면, 활공 gliding하는 것임). 이런 다람쥐를 날다람쥐(flying squirrel)라고도 하지.

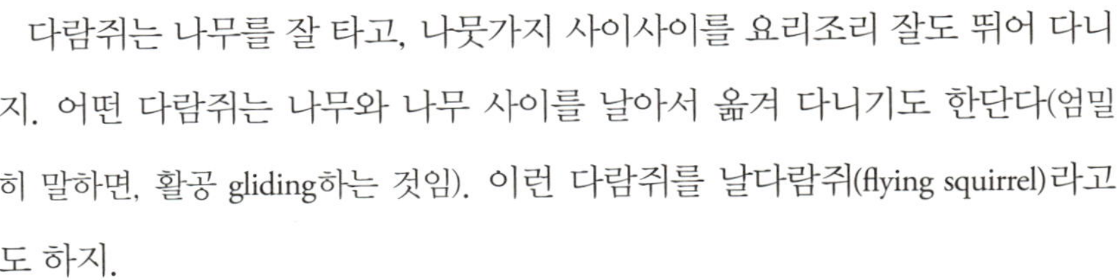

다람쥐는 나무의 구멍난 곳에 살기도 하지만, 나무 위에 새처럼 둥지를 만들어 살기도 한단다. 그리고 겨울잠을 잘 때에는 보다 안전하게 땅 속에 굴을 파서 겨울을 나기도 하지.

다람쥐의 주식은 도토리인데(그밖에 밤, 땅콩, 옥수수 등과 같이 딱딱한 견과류를 먹을 수 있다), 가을철이 되면 다람쥐는 도토리를 모으느라 정신없이 바쁘단다. 왜 바쁠까? (대답을 들어준 후) 그래, 음식이 없는 겨울철을 대비해서 미리미리 음식을 모아두는 거지. 다람쥐는 볼주머니에 도토리 5, 6개 정도를 넣어둘 수 있지. 그리고 부지런히 다니며 땅 속에 도토리를 한 개씩 파묻어 놓는단다. 물론 겨울잠을 자는 굴 속에다가도 도토리를 저장해 두지. 그리고 겨울잠을 자다가 열흘에 한 번 깨어나서 저장해 두었던 도토리를 먹고 다시 잠을 잔단다.

그럼, 겨울잠을 자다가 혹은 겨울잠을 끝내고 일어났을 때 창고에 먹을 도토리가 없으면 다람쥐는 어떻게 할까? (대답을 들어준 후) 여기에 다람쥐의 놀라운 능력이 숨어 있단다. 다람쥐는 수개월 전에 자기가 도토리를 묻어두었던 위치를 정확하게 찾아낸단다. 그곳이 눈으로 덮혀 있다 할지라도 말이야.

- 추운 겨울철, 굴 속의 음식들도 사라지고 사방에 먹을 것이 없을 때 다람쥐가 땅 속에 묻어두었던 도토리가 어디 있는지 기억하지 못한다면 어떻게 될까? (다람쥐는 굶어 죽을 것이다)
- 오늘의 교훈은 무엇일까? (아이들의 대답을 들어준 후, 오늘의 교훈을 따라하게 한다. – "하나님 말씀을 암송하자.")

3 단계: 성경 읽기 잠 7:2–3(주제: 말씀을 마음판에 새기라)

4 단계: 대화

〈요절 설명〉 오늘 말씀은 하나님 말씀을 우리가 어떻게 해야 하는지 가르쳐 주고 있단다. 먼저 우리는 하나님의 말씀대로 살아야 하지. 그런데 그렇게 살기 위해서 해야 하는 것이 바로 말씀을 마음판에 새기는 거란다. 돌에 새긴 글자는 지워지지 않지. 마찬가지로, 우리는 말씀을 입으로 읽는데 그치는 것이 아니라 마음판에 지워지지 않도록 새겨야 한단다. 이를 위한 최선의 방법이 바로 말씀 암송이란다.

〈영적 무기: 말씀〉 우리집 주소와 전화번호(혹은 엄마 아빠 핸드폰 번호)를 외우고 있어야 하는 이유는 무엇일까? (긴급히 엄마 아빠에게 연락해야 할 일이 있을 때를 대비해서.) 그래, 살아가다 보면 위급하고 위험한 상황에 처할 때가 있단다. 그때마다 기본적으로 머릿속에 외우고 있는 것이 큰 도움이 되지.

그런데 우리 믿는 사람들을 항상 시험에 들게 하는 악한 존재가 있단다. 사단이라는 놈이 계속 우리를 쓰러뜨리려고 유혹하고 있지. 그런데 걱정할 필요가 없단다. 사단이 아주 무서워하는 무기가 있거든. 그것이 바로 하나님의 말씀이란다. 사단이 우리를 무너뜨리려고 시험을 주면, 하나님 말씀으로 공격하면 되는 거야. 예수님도 마귀에게 세 번이나 시험을 당하셨는데, 모두 말씀으로 공격해서 물리치셨단다(자녀가 청소년이라면 눅 4:1-15 말씀을 찾아 한 절씩 읽게 하라).

〈말씀을 외우고 있어야〉 그런데 예수님은 어떻게 말씀으로 공격하셨을까? 책을 펼쳐서 읽으셨을까? (머릿속에 외워두었던 말씀으로 사단을 공격하셨다.) 말씀을 외워야 하는 이유가 바로 여기에 있단다. 우리가 하나님 말씀을 외우고 있으면, 어려운 상황을 만날 때 말씀으로 바로 이겨낼 수 있게 되거든. 그리고 그 말씀이 우리 안에 거하면서 OO(이)를 더욱 지혜롭고 용기 있게 해준단다(신앙의 성숙). 세계에서 가장 노벨상을 많이 탄 민족이 어느 민족인지 아니? (유대인) 유대인 아이들은 13살이 되기 전에 모세오경(창, 출, 레, 민, 신)을 다 암송하게 된다는구나.

5 단계: 기도

- 말씀 암송을 잘 할 수 있도록 지혜를 달라고 기도하고,
- 말씀 암송을 통해 더욱 성숙하고 강인한 사람이 되게 해달라고 기도하렴.

새로운 성장

- 독수리의 탁월한 비행능력 – 성령의 새 힘을 얻으라
- 사슬을 끊지 못하는 코끼리 – 자신감을 회복하라
- 수족관 속의 상어 – 넓은 시야를 가지라
- 독을 아름다움으로 바꾸는 공작새 – 상처를 별로 바꾸라

2월 첫째 주

목표: 성령의 힘을 얻는 방법을 알게 한다.

독수리의 탁월한 비행능력

– 성령의 새 힘을 얻으라

1 단계: 찬양 아이들과 함께 즐거운 찬양하기!

2 단계: 흥미유발 이야기

밀림의 왕자가 사자라면, 하늘의 왕자는 무엇일까? 그래, 독수리지. 독수리는 다른 새들과는 차원이 다른 새란다. 새들 중에서 가장 높이 날고 또 가장 빨리 날지. 독수리는 다른 새들과 같이 낮게도 날 수 있지만, 높이 날 때는 4,500미터 상공까지 올라가 비행을 한단다(서울 63빌딩의 18배 높이까지). 이렇게 하늘 높이 비행을 하다가 먹이를 발견하게 되면, 시속 160킬로의 거의 눈에 보이지 않는 속도로 하강한단다(박찬호 선수의 최고 구속이 160킬로 정도다).

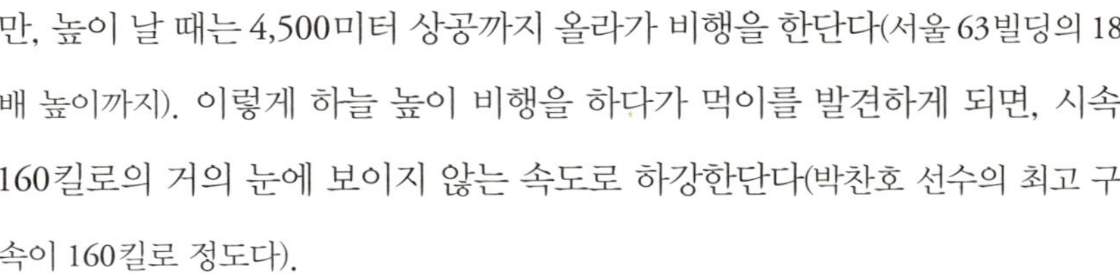

그럼, 그렇게 높은 곳에서 어떻게 땅 위의 물체를 식별할 수 있을까? 여기에 독수리의 탁월함이 또 숨어 있단다. 독수리는 사람보다 수십 배나 좋은 시력을 가지고 있어. 그래서 우리가 망원경으로 봐야 하는 물체도 독수리는 맨눈으로 식별할 수 있지. 그리고 종류마다 다르지만, 어떤 독수리는 날개를 폈을 때 길이가 무려 3미터나 된다고 하는구나. 이러니 독수리는 분명 하늘의 왕자라고 불릴만 하겠지.

그런데 독수리의 놀라운 능력이 또 있단다. 그것은 바로 독수리의 비행 방법이야. 다른 새들은 하늘을 날려면 있는 힘을 다해 날개를 수도 없이 펄럭거려야 하는 거야. 그러나 독수리는 날아오를 때 자신의 힘을 사용하지 않는단다. 단지 날개를 펴고 불어오는 바람에 몸을 맡긴단다. 그리고 바람의 흐름을 잘 활용하여 원하는 방향으로 이동하는 거지.

- 만약 ○○(이)가 새가 된다면 날개로만 나는 새가 되고 싶니, 아니면 바람을 탈 줄 아는 새가 되고 싶니? 왜?
- 오늘의 교훈은 무엇일까? (아이들의 대답을 들어준 후, 오늘의 교훈을 따라하게 한다. – "성령의 바람을 타라.")

3 단계: 성경 읽기 사 40:31(주제: 새 힘을 얻으리라)

4 단계: 대화

〈요절 설명〉 좀 생소한 단어이긴 한데, 오늘 말씀에서 '앙망'이란 무슨 뜻일까? (아이들의 대답을 들어준 후) '간절히 찾고 기다리다'라는 뜻이란다. 그리고 간절히 찾고 기다리는 사람은 하나님을 믿고 의지하는 사람이겠지.

그런데 여기에 아주 놀라운 비밀이 숨어 있단다. 바로 하나님을 간절히 찾고 의지하는 사람에게 하나님께서는 새 힘을 주신다는 거야.

〈새 힘이 필요한 우리〉 우리 모두에게는 살아가면서 매 순간마다 새로운 힘이 필요하단다. 아빠(엄마)도 매일 일을 하지만 맡은 일을 잘 해내려면 새 힘이 필요하다는 것을 항상 느낀단다. 너희도 마찬가지일 거야. 공부나 여러 맡은 일들을 하다 보면 힘들고 지칠 때가 있지. 그때마다 우리에게 필요한 건 바로 새 힘이란다.

그런데 하나님이 주시는 새 힘에는 뭔가 특별한 것이 있어(31절 끝부분을 읽는다). "달음박질하여도 … 아니하리로다." 무슨 말일까? 우리가 이 새 힘을 얻는다면, 아무리 힘든 일을 해도 지치지 않고 능히 해낼 수 있다는 거야. 마치 독수리가 힘들이지 않고 높은 하늘을 날 수 있는 것처럼 말이야.

〈새 힘의 정체: 성령의 능력〉 독수리가 힘들이지 않고 하늘을 날 수 있는 비결이 뭐라고 했지? 그래, 자신의 힘이 아니라 바람의 힘을 활용하기 때문이라고 했지. 독수리가 비행하는 모습을 보면, 그야말로 바람과 하나가 되어 나는 듯 하지. 그래서 eagle(독수리)이라는 영어 단어는 '바람과 하나가 되다'라는 그리스 말(aetos)에서 나왔다고 하는구나. 곧 바람과 하나가 된 독수리는 아무리 높이 날고 빨리 날아도 지치지 않는 거야.

우리도 하나님을 의지할 때 이런 힘을 얻게 되는 거란다. 하나님께서는 그를 찾고 의지하는 사람에게 성령의 힘을 덧입히셔서 지치지 않고 앞으로 나아가게 하신단다.

5 단계: 기도

- 날마다 하나님을 찾고 의지하게 하시고,
- 성령의 능력을 힘입어 어려운 일도 잘 감당할 수 있게 해달라고 기도하렴.

2월 둘째 주

목표: 자시 자신에 대한 잘못된 생각을 버리고 '할 수 있다'는 자신감을 갖게 한다.

사슬을 끊지 못하는 코끼리

– 자신감을 회복하라

1 단계: 찬양 아이들과 함께 즐거운 찬양하기!

2 단계: 흥미유발 이야기

서커스 하면 어떤 동물이 떠오르지? 아빠(엄마)는 몸집이 가장 큰 코끼리가 떠오른단다. TV나 영화에서 보면, 서커스단의 코끼리는 물구나무도 서고 큰 공 위에 올라서기도 하지(간단한 인터넷 검색으로 서커스단의 코끼리 사진자료들을 추가로 얻을 수 있을 것이다). 또한 서커스 쇼에서 코끼리가 이런 묘기를 부리면 관중들은 신기해서 박수를 치며 탄성을 지르지.

(그림을 보여주며) 자, 그럼 이 그림을 자세히 들여다 보렴. 뭔가 이상하지 않니? (아이들의 대답을 들어준 후) 이 코끼리는 작은 말뚝과 가는 밧줄에 한쪽 발목이 매여 있지.

이 코끼리는 자기 힘으로 이 밧줄을 못 끊을까? 코끼리가 마음만 먹으면 손쉽게 밧줄뿐 아니라 말뚝까지 뽑아버릴 수 있을 거야. 그런데 희한한 것은 서커스단의 코끼리는 이렇게 몸집이 크고 힘이 세도 밭줄을 끊을 생각을 하지 않는다는 거야. 왜 그럴까? (아이들의 대답을 들어준 후)

서커스단에 아기 코끼리가 처음 끌려오면, 그 순간부터 단단한 밧줄이나 사슬로 말뚝에 묶인단다. 아기 코끼리는 그 사슬에서 벗어나려고 발버둥을

치지. 그러나 아기 코끼리는 이내 그 사슬이 너무 단단해서 자기 힘으로 그것을 끊을 수 없다는 것을 발견하게 된단다.

불행하게도 어린 코끼리는 그 실패의 경험을 자신의 한계로 받아들이고 어른 코끼리가 되어서도 밧줄을 끊어보려는 시도조차 하지 않는다는 거야.

- 이 그림 속의 어른 코끼리는 지금 무슨 생각을 하고 있을까? (난 안 돼. 난 이 밧줄을 끊을 수 없어.)
- 오늘의 교훈을 생각해 보자. 무엇일까? (아이들의 대답을 들어준 후, 오늘의 교훈을 따라하게 한다. – "내 안에 있는 능력을 발견하라.")

3 단계: 성경 읽기 렘 1:6–7(주제: 잘못된 생각에 매여 있지 말라)

4 단계: 대화

〈요절 설명〉 오늘 말씀은 하나님께서 예레미야를 하나님의 일꾼으로 부르시는 장면이란다. 그런데 문제가 있었어. 예레미야가 자기 자신에 대해서 잘못된 생각을 가지고 있었던 거야. 예레미야는 자기 자신을 가리켜 '아이'라고 했지. 자기는 하나님의 일을 할 만한 자격이 없다고 생각한 거야.

그러나 하나님께서는 뭐라고 그러니? '너는 아이라 말하지 말고', 즉 너는 더 이상 아이가 아니라는 거야. 하나님께서는 예레미야가 자기 안에 있는 능력을 제대로 알기를 원하셨다는 거야.

〈예레미야와 코끼리〉 오늘 말씀의 예레미야도 서커스단의 코끼리처럼 자기 자신의 능력을 제대로 알지 못했던 것 같아. 사실 마음만 먹고 행동으로 옮기면 할 수 있는데 말이야. 서커스단의 코끼리는 어릴 때 실패한 경험을 커서도 자신의 한계로 계속 인식하고 있었지.

우리도 마찬가지일 수 있단다. 옛날에 못했다고 지금도 못하란 법은 없어. 그런데 많은 경우, 사람들은 옛날에 못했다고 지금도 못할 거라는 착각을 가지고 있단다. 혹시 너에게 불가능하다고 생각하는 것이 있니? 그것이 예전의 실패의 경험과 관련이 있는지 생각해 보자.

〈목표 달성의 방법〉 (그림을 보여주며) OO(이)는 코끼리가 말을 알아들을 수 있다면 밧줄을 끊을 수 없다고 생각하는 이 코끼리에게 뭐라고 말해주고 싶니? (대답을 들어준 후) 하나님께서도 우리를 향한 마음이 이와 같을 거야. "넌 할 수 있어. 충분한 능력을 가지고 있지. 다시 해봐라."

'난 할 수 없다'는 생각이 들 때마다 하나님의 마음을 생각해 보렴.

예레미야는 하나님의 말씀에 의지하여 담대히 나아가 사명을 감당했지. 너희도 너희에게 능력이 있다고 말씀하시는 하나님을 의지하고 담대하게 나아가렴. 그러면 생각했던 것보다 더 많은 일을 할 수 있을 거야.

5 단계: 기도

- 코끼리를 통해 귀한 영적 진리를 알게 하신 하나님께 감사하고,
- 자신에 대해 잘못된 생각을 갖지 않게 해달라고 기도하렴.

2월 셋째 주

목표: 잠재력 발달을 위해 넓은 시야를 갖는 것의 중요성을 깨닫고, 이를 위한 가장 좋은 방법이 독서임을 알게 한다.

수족관 속의 상어

– 넓은 시야를 가지라

1 단계: 찬양 아이들과 함께 즐거운 찬양하기!

2 단계: 흥미유발 이야기

동물원에서 가장 인기 있는 동물은 무엇일까? 그럼, 실내 수족관(아쿠아리움)에서 가장 인기 있는 동물은? 수족관에 있는 물고기들은 저마다 특색이 있어서 사람들의 흥미를 끌기에 충분하지.

그런데 수족관에서 일하는 직원들의 말에 의하면, 수족관에서 가장 인기 있는 동물은 바로 (그림을 보여주며) 상어라고 하는구나. 특히 아이들은 다른 물고기들에 비해 상어를 구경할 때 더욱 흥미진진해 하지.

"와~ 상어다! 저것 봐, 저거! 우와, 저 이빨 좀 봐~!" 하면서 수족관을 유유히 헤엄쳐 다니는 상어의 위엄에 감탄사를 터뜨리지. 상어의 다양한 생김새 또한 상어의 인기 비결 중에 하나란다. 망치상어와 톱상어는 보면 볼수록 정말 재밌고 신기한 거 같아.

그런데 상어의 크기에 놀라운 비밀이 숨어있다고 하는구나. 만약 아주 작은 새끼 상어를 잡아 일정한 크기의 수족관에 가두어 놓으면, 그 상어는 그 수족관에서 활동하기에 알맞은 정도의 길이밖에 자라지 않는다고 한단다. 즉, 어떤 경우에는 다 자란 상어의 길이가 15센티미터 밖에 안 된다는 거야.

그것은 수족관의 크기가 상어의 성장에 영향을 미치는 거지.

그러나 그 상어를 넓은 바다에 풀어주면 어느 정도까지 자라는지 아니? 길이가 2.5미터에서 3미터 정도까지 자란다는구나.

- 수족관이 상어에게 좁은 세상이라면 바다는 상어에게 무엇일까? (넓은 세상)
- 오늘의 교훈을 생각해보자. 무엇일까? (아이들의 대답을 들어준 후, 오늘의 교훈을 따라하게 한다. – "넓은 시야를 가지라.")

3 단계: 성경 읽기 시 18:19(주제: 넓은 곳(복된 곳)으로의 인도)

4 단계: 대화

〈요절 설명〉 성경에는 종종 '넓은 곳', '넓은 들'이라는 표현이 나오는데, 이것들은 주로 복된 장소 혹은 축복받는 장소를 의미할 때가 많단다(창 26:22; 삼하 22:20; 시 31:8; 호 4:16). 오늘 말씀에서도 넓은 곳이란 구원받는 장소, 기쁨의 장소를 의미하지.

〈내 안에 있는 잠재력〉 오늘 상어에게 있어서도 넓은 바다는 복된 장소를 의미할거야. 작은 수족관에 있던 상어가 넓은 바다로 나가면 자기가 성장할 수 있을 만큼 최대한 자라게 되니까 말이야. 곧 하나님이 주신 잠재력을 마음껏 발휘할 수 있게 된다는 거지. 이것이 얼마나 복되고 기쁜 일이니? 하나님께서는 너희들에게도 너희가 지금 생각하고 있는 것보다 훨씬 더 큰 능력을 주셨단다. 그것을 잠재력이라고 하는데, 이것을 잘 발휘하게 되면 하나님께 더욱 귀하게 쓰임받게 되는 거야.

〈내 안의 잠재력을 깨우라〉 그러면 우리는 어떻게 우리 안에 있는 잠재력을 개발할 수 있을까? (자녀의 대답을 들어주고) 상어가 넓은 바다로 나가면 크기가 더 커지는 것처럼, 그리고 오늘 요절에서 다윗이 넓은 곳을 기쁨의 장소로 표현했던 것처럼 우리도 넓은 곳으로 가면 되지 않을까? (아이들의 예상 반응: "맞아요. 더 넓은 집으로 이사 가요.")

그러면 넓은 곳의 특징은 무엇일까? 상어는 바다 속에서 더 멀리 볼 수 있고, 다윗은 넓은 곳에서 더 많은 것을 생각하고 더 큰 꿈을 가질 수 있었지. 곧 넓은 곳의 특징은 시야가 넓어진다는 거야. 우리가 세상을 바라보는 눈이 넓어지면 넓어질수록 우리의 잠재력도 조금씩 커지는 거란다.

그런데 멀리 가지 않고도 시야를 넓혀주는 아주 좋은 방법이 있지. 바로 책을 읽는 거야. 책을 읽으면 세상의 다양한 일들과 다양한 사람들을 간접적으로 경험하게 되어서 우리의 시야가 넓어지게 된단다(그러나 부모는 자녀의 견문을 넓혀주기 위해 박물관, 동물원, 과학박람회, 문화유적지 탐방의 중요성을 잊어서는 안 될 것이다).

5 단계: 기도

- 하나님께서 너희 안에 무한한 잠재력을 주셨다는 사실에 감사드리고,
- 그것을 개발하기 위해 (앞으로) 책을 열심히 읽고 넓은 시야를 가질 수 있게 해달라고 기도하렴.

2월 넷째 주

목표: 상처에 주저앉지 말고, 도리어 그것이 삶의 에너지가 될 수 있음을 알게 한다.

독을 아름다움으로 바꾸는 공작새

– 상처를 별로 바꾸라

1 단계: 찬양 아이들과 함께 즐거운 찬양하기!

2 단계: 흥미유발 이야기

(그림을 보여주며) 이 새의 이름은 무엇일까? (공작새) 그러면 이렇게 아름다운 새는 수컷일까, 암컷일까? (수컷)

그래, 공작새는 암컷보다 수컷이 더 멋지고 아름다운 깃털을 가지고 있단다. 그 이유는 무엇일까? (아이들 대답을 들어준 후) 두 가지 이유가 있다는구나. 하나는 암컷에게 잘 보이기 위해서(짝짓기)이고, 또 다른 하나는 몸집을 크게 보여서 다른 짐승이 접근하지 못하게 하기 위해서(방어)라는구나.

공작새하면 뭐니 뭐니 해도 형형색색 아름다운 깃털을 빼놓을 수 없지. 초록색, 파란색, 노란색, 주황색 등이 햇살과 어우러지면 그야말로 휘황찬란한 광채를 풍기는 아주 우아한 새가 되지. 그래서 공작새는 아름다움의 상징이기도 하단다. 깃털을 활짝 편 공작새를 보고 있으면 "어떻게 저렇게 아름답게 창조될 수 있을까!" 하며 하나님의 창조 솜씨에 감탄이 절로 나오게 된단다.

공작새는 일 년에 한 번 털갈이를 하는데, 아름다운 깃털이 끊이지 않고 계속 나오니까 옛날 기독교인들은 공작새를 부활을 상징하는 동물로 보기도

했지(오리겐, 어거스틴 등).

그런데 공작새에게 아주 놀라운 비밀이 숨어 있단다. 야생에 사는 공작새는 식물도 먹고, 곤충도 먹고, 자기보다 작은 동물도 잡아먹는데, 그 중에서도 '독'이 있는 뱀이나 파충류를 잡아먹기도 한다는구나. 즉, 독이 몸 속에 들어가도 공작새는 죽지 않는다는 거지. 오히려 그 독을 소화시키는 능력을 가지고 있다는 거야.

- 사람이 독이 든 음식을 먹으면 어떻게 될까? (정신을 잃거나 심하면 죽게 된다.)
- 오늘의 교훈을 생각해 보자. 무엇일까? (아이들의 대답을 들어준 후, 오늘의 교훈을 따라하게 한다. – "상처를 아름다움으로 바꾸라.")

3 단계: 성경 읽기 창 50:20(주제: 해를 선으로 바꾸라)

4 단계: 대화

〈요절 설명〉 방금 읽은 말씀은 누가 한 말인지 아니? (요셉) 그래, 애굽의 총리가 된 요셉이 형들에게 한 말이지. 요셉만큼 큰 상처를 받은 사람은 아마 없을 거야. 먼저 형들한테 버림받아서 다른 나라(애굽)에 노예로 팔려갔었지. OO(이)가 말도 안 통하고 아는 사람도 없는 낯선 나라에 끌려갔다고 생각해 보렴. 기분이 어떨까? 요셉도 마찬가지였을 거야. 거기다 요셉은 억울한 누명을 써서 감옥에 갇히기까지 했지. 정말 요셉의 삶은 상처투성이의 삶이었단다.

그런데 오늘 말씀에서 요셉은 아주 놀라운 얘기를 하고 있단다. 곧 하나님께서는 상처투성이였던 자신을 놀랍게 바꾸셔서 온 세상에 빛을 발하는 영광스런 존재가 되게 하셨다는 거야.

〈상처를 에너지로 사용하라〉 공작새는 독이 든 음식을 먹으면 먹을수록 더 색깔이 선명해지고 아름다워진다고 한단다. 공작새는 독초를 약초로 바꾸는 능력을 가지고 있는 거지. 때때로 우리도 살아가면서 부정적인 것들을 경험하게 된단다. 친구에게 배신을 당하기도 하고, 안 좋은 말을 듣고 상처를 받기도 하지. 그러나 살아가면서 이런 일들은 언제나 있을 수 있는 일이란다.

중요한 건 상처를 받았을 때 어떻게 하느냐에 있단다. 그것을 마음속에 안고 시름시름 앓으면서 자신을 죽이느냐, 아니면 그 상처를 더 나은 자신을 만들기 위한 에너지로 사용하느냐에 달려있다는 말이야.

〈상처를 별로 바꾸라〉 요셉은 형들에게 상처받고, 애굽 사람들에게도 상처받았지. 그러나 그 상처들을 마음속에 간직한 채 원망하며 산 것이 아니라, 하나님과 동행하며 늘 감사하며 살았단다. 그랬더니 세상 사람들이 우러러 보는 아름다운 별과 같은 존재가 되었단다. 당시 세계 최대 강대국이었던 애굽 나라의 총리가 된 거야. 영어로 상처를 scar(스카)라고 하고, 별을 star(스타)라고 하지. 요셉이야말로 scar(상처)를 star(별)로 바꾼 훌륭한 인물이었단다.

우리도 하나님 안에서 상처를 별로 만들 수 있단다. 상처는 독이 아니라, 도리어 약이 되고 에너지가 되어서 OO(이)를 더욱 아름다운 존재로 만들어 줄 수 있다는 사실을 잊지 말기 바란다.

5 단계: 기도

- 때때로 받을 수 있는 상처로 마음 상하지 않게 하시고,
- 그것을 도리어 삶의 에너지로 삼아 더욱 귀한 존재가 되게 해달라고 기도하렴.

새로운 마음가짐

- 위험을 무릅쓰는 흰동가리 – 새로운 환경에 겁내지 마라
- 지구에서 가장 오래 사는 바다거북 – 조급한 마음을 버리라
- 일하지 않는 바르바도스의 꿀벌 – 일의 유익을 알라
- 물고기 잡는 법을 잊어버린 펠리컨 – 게으름 피우지 말라

3월 첫째 주

목표: 두려워 보이는 새로운 환경에 들어가야 할 때 어떠한 마음가짐으로 임해야 하는지 알게 한다.

위험을 무릅쓰는 흰동가리

– 새로운 환경에 겁내지 마라

1 단계: 찬양 아이들과 함께 즐거운 찬양하기!

2 단계: 흥미유발 이야기

(그림을 보여주며) 이 물고기의 이름이 무엇인지 아니? 애니메이션 영화의 주인공이기도 했지?

(아이들은 '니모'라고 대답할 것이다) 그래, 니모라고 알려진 이 물고기의 이름은 흰동가리(clown fish, anemone fish)라고 한단다. 흰동가리는 몸 색깔이 아주 특이하단다. 밝은 주황색 바탕에 하얀색 줄무늬가 머리와 몸통, 꼬리, 이렇게 세 부분에 위아래로 나 있지. 크기는 11센티미터 정도이고, 주로 따뜻한 지역(열대성 기후 기역)에서 서식하고 있단다.

그런데 특이한 것이 있단다. 흰동가리는 바다 속의 또 다른 동물인 말미잘 속에서 살아간다는 거야. (그림을 보여주며) 이렇게 흰동가리 주변에 있는 것들이 말미잘의 촉수들인데, 독을 내뿜어서 먹이를 기절시키는 기능을 하지. 그러니까 촉수에 쏘인 물고기는 말미잘의 밥이 되는 거란다.

그런데 놀랍고 신기한 것은 흰동가리가 이 위험한 말미잘을 자신의 보금자리로 삼고 살아간다는 거야. 어떻게 이것이 가능할까? (아이들 대답을 들어준 후) 흰동가리는 자신이 살만한 적당한 말미잘을 발견하면, 그 촉수들 사이를 살짝살짝 지나다닌다고 하는구나. 촉수들이 자신의 몸에 일부러 닿게 하는 거지. 이렇게 하면, 흰동가리의 몸에 점액층이 형성되게 되는데, 이것이 촉수의 독으로부터 보호해주는 역할을 한다는구나. 점액층이 완전히 형성된 흰동가리는 말미잘의 촉수들 사이를 자유자재로 다니며, 말미잘을 다른 물고기로부터 자신의 몸을 보호하는 안식처로 삼게 되는 거란다. 그러나 흰동가리가 공짜로 말미잘의 보호를 받으며 사는 것은 아니란다. 흰동가리도 말미잘에게 좋은 일을 해주지. 먹이를 유인해주고, 말미잘이 먹고 남은 찌꺼기들을 먹어서 말미잘의 몸을 깨끗하게 청소도 해주지(이런 관계를 공생관계라고 함).

- 흰동가리에게 감정이 있다면 말미잘을 자신의 보금자리로 삼기 위해 처음 접근할 때 기분이 어떨까? (촉수에 잘못 쏘이면 죽을 수도 있는 상황이기 때문에 비장한 각오로 임할 것이다. 두렵고 떨릴 것이다.)
- 오늘의 교훈은 무엇일까? (아이들의 대답을 듣고 격려해 준 후, 오늘의 교훈을 따라하게 한다. – "새로운 환경에 겁내지 마라.")

3 단계: 성경 읽기 신 7:21(주제: 새로운 도전(환경)에 겁내지 마라)

4 단계: 대화

〈요절 설명〉 오늘 말씀은 한 번도 가본 적 없는 새로운 땅인 가나안 땅에 들어가기 전에 하나님께서 (모세를 통해서) 이스라엘 백성에게 하신 말씀이란다. 이스라엘 백성은 오랫동안 애굽의 노예 생활을 해 와서 몸도 마음도 작아질 대로 작아졌었단다. 그러나 오늘 하나님께서는 말씀하셨어. 두려워하지 말라고. 왜냐하면 크고 위대하신 하나님께서 너희 가운데 함께하시니까 말이야.

〈피할 수 없는 새로운 환경〉 애굽을 탈출한 이스라엘 백성은 안정된 미래와 번영을 위해 새로운 땅에 들어가야만 했지. 그곳이 바로 하나님께서 정해 주신 가나안 땅이란다. 그러나 그 땅에 들어가는 것은 쉽지 않은 일이었어. 강을 건너야 하고 이방 족속들과 전투도 해야 했거든. 그러나 이스라엘 백성이 살 수 있는 길은 오로지 가나안 땅에 들어가 사는 것이었단다.

흰동가리도 마찬가지인 것 같아. 흰동가리가 안전하게 살아갈 수 있는 유일한 방법은 독이 있는 말미잘에 성공적으로 들어가 살아가는 것이지. 때때로 우리도 살아가다 보면, 자신의 발전을 위해 두려워 보이는 새로운 환경에 들어가야 할 때가 있단다. 어떤 경우가 있을까? (상급학교 진학, 군 입대, 자신의 한계를 극복하기 위한 여러 도전들)

〈새로운 환경은 새로운 기회〉 누구나 자신이 경험해 보지 못한 새로운 환경에 들어가는 것은 두렵고 긴장되는 일이란다. 아마 초등학교에서 중학교, 중학교에서 고등학교로 올라갈 때 조금씩은 두렵고 떨리는 마음이 생길 수 있을 거야. 그곳에서의 공부는 어떨까? 친구들은 어떨까? 학급 분위기는 어떨까? 선생님은 어떨까? 등등. 처음에는 새로운 환경에 적응하는데 어려움이 있을 수도 있지. 그러나 시간이 지나면서 조금만 견뎌내면 누구나 쉽게 그 새로운 환경에 적응하게 되어 있단다. 흰동가리가 독이 든 말미잘의 촉수에 적응한 후에는 제집 드나들듯 자유롭게 드나드는 것처럼, 두려워 보이는 새로운 환경도 한 번 적응하게 되면 자기 집처럼 아주 편안해지는 거란다. 그리고 처음엔 두려워 보였던 그 환경이 나중엔 인생의 도약을 위한 새로운 발판이 되는 거란다(자신의 경험을 살려 다른 예들을 들어주라).

5 단계: 기도

- 새로운 환경에 들어갈 때 하나님을 의지하며 두려워하거나 겁내지 말게 하시고,
- 그 환경이 인생의 새로운 도약을 위한 기회가 되게 해달라고 기도하렴.

3월 둘째 주

목표: 조급한 마음을 버리고 여유로운 마음을 갖는 것이 지혜임을 알게 한다.

지구에서 가장 오래 사는 **바다거북**

– 조급한 마음을 버리라

1 단계: 찬양 아이들과 함께 즐거운 찬양하기!

2 단계: 흥미유발 이야기

오늘은 바다거북에 대해서 살펴보기로 하자꾸나. 바다거북은 지구에 생존하는 동물 중 가장 오래 산다고 알려져 있지. 얼마나 오래 사는지 아니? 적게는 약 50년에서 많게는 약 200년까지 산다고 하는구나(자녀가 애니메이션 영화 '니모를 찾아서'를 본 적이 있다면, 니모 아빠가 바다거북과 대화하는 장면을 떠올리게 하라. 니모 아빠가 바다거북에게 몇 살이냐고 물었고, 그 바다거북은 웃으며 150살이라고 대답했다. 그것도 젊은 축에 속한다고 하면서).

바다거북은 따뜻한 열대지방에서 사는데, 알을 낳을 때가 되면 자기가 태어났던 바닷가 육지로 올라와서 모래밭에 구멍을 파고(깊이 1~2미터) 알을 낳는단다. 그럼, 엄마 바다거북은 한 번에 몇 개의 알을 낳을까? 보통 100여개의 알을 낳는다고 한다. 두 달에서 세 달 정도 지나면 새끼들이 알을 깨고 나오는데, 바닷물까지 살아서 기어가는 아기거북은 그중에서 한 5마리 정도밖에 안된단다. 왜냐하면 바닷물까지 기어가는 동안에 갈매기나 바닷게, 상어 등이 아기거북을 잡아먹기 때문이지.

그래도 적은 수이지만 천적으로부터 살아남은 아기거북들은 바닷물 속의

해조류, 산호, 해파리 등을 먹으면서 무럭무럭 자라난단다.

거북이 하면 뭐니 뭐니 해도 느린 것으로 유명하지. 거북은 먹는 것도 느리고 숨 쉬는 것도 느리고, 심지어 맥박도 1분에 10회 정도밖에 안 된다고 하는구나. 몸속에 들어간 음식물도 아주 천천히 소화가 되고 말이야(체내의 에너지 대사율이 느리다). 그래서 거북이만큼 여유로운 동물도 없을 거야. 육지를 걷다가 장애물을 만나도 전혀 걱정될 게 없지. 그저 천천히 돌아가면 되니까 말이야. 힘들면 쉬었다 가면 되고. 거북이는 문제 앞에서 절대 조급해하거나 화를 내지 않는단다.

- 과학자들은 바다거북이 오래 사는 이유가 느리게 행동하기 때문이라고 한단다. 그럼 반대로 빠른 동물들은 어떨까? 오래 살까? (오래 살지 못한다.)
- 오늘의 교훈을 생각해 보자. 무엇일까? (아이들의 대답을 들어준 후, 오늘의 교훈을 따라하게 한다. – "조급한 마음을 버리라.")

3 단계: 성경 읽기 전 7:9(주제: 조급한 마음을 버리라)

4 단계: 대화

〈요절 설명〉 전도서는 솔로몬 왕이 기록한 지혜의 말씀들이란다. 솔로몬은 오늘 말씀에서 조급한 마음을 갖지 말라고 하는구나. 급하게 화를 내거나 짜증을 부리지 말라는 거지. 이런 것들은 우매한 자들, 그러니까 어리석은 사람들이나 하는 행동이라는 거야. 가만히 보면 조급한 마음을 가진 사람들이 화도 잘 내고 짜증도 잘 부린단다. 오늘 말씀은 여유로운 마음을 갖는 것도 지혜로운 삶의 모습이라는 것을 가르쳐주고 있단다.

〈No! 조급한 마음〉 조급한 성향을 가진 동물들은 오래 살지 못한다고 했지.

행동이 빠르거나 심장이 빨리 뛰는 동물들은 정말로 오래 살지 못한단다. 민첩하고 빠른 쥐는 5년 정도, 토끼는 8년 정도, 개는 15년 정도 밖에 살지 못한다고 하는구나.

사람도 마찬가지야. 조급한 성격을 가진 사람일수록 오래 살지 못하고 심장병에 걸릴 확률이 높다고 한단다. 오래 살려면 어떻게 해야 할까? 그래, 조급한 마음을 버리고 느긋하고 여유로운 마음을 가지고 살아야 할 거야.

〈Yes! 여유로운 마음〉 성격이 조급한 사람의 특징은 무엇일까? ('빨리빨리'를 입에 달고 산다; 쉽게 화를 낸다; 쉽게 짜증을 낸다) 그래, 특히 쉽게 화를 내거나 짜증을 내는 것은 어리석은 사람들이나 하는 것이라고 오늘 성경 말씀은 얘기하고 있지.

그럼, 지혜로운 사람은 반대로 어떤 마음을 가진 사람일까? 마음에 여유를 가진 사람이 곧 지혜로운 사람일 거야. 이런 사람은 쉽게 화도 내지 않고 짜증도 부리지 않겠지. 그리고 또 어떤 특징들을 가지고 있을까? (아이들의 대답을 들어 준 후 다음의 특징들을 말해준다. 일을 서둘러서 하지 않음; 어떤 일이 천천히 되어도 조급해 하지 않고 기다림; 보채지 않음; 마음에 평안이 있음; 문제 앞에서 조급해하지 않고 하나님께 나아가 기도함.)

5 단계: 기도

- 조급해 하지 않고 항상 여유로운 마음을 가지고 살아가게 해달라고 기도하고,
- 문제 앞에서 화를 내는 것이 아니라 하나님께 나아가 기도하는 사람이 되게 해달라고 기도하렴.

3월 셋째 주

목표: 사람에게 있어 일(노동)은 축복임을 깨닫게 한다.

일하지 않는 바르바도스의 꿀벌

– 일의 유익을 알라

1 단계: 찬양 아이들과 함께 즐거운 찬양하기!

2 단계: 흥미유발 이야기

개미처럼 열심히 일하는 곤충이 있지? 뭘까? 그래, 맞아. (그림을 보여주며) 꿀벌이야. 꿀벌은 열심히 꿀을 따서 한곳에 모아두는 습성을 가지고 있지. 사람들은 이런 꿀벌의 습성을 이용해서 벌집에 꿀을 모으는 일을 하는데, 이런 일을 '양봉'이라고 한단다.

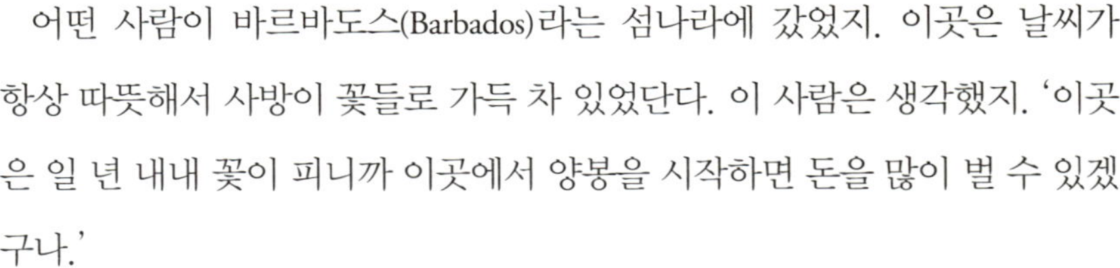

어떤 사람이 바르바도스(Barbados)라는 섬나라에 갔었지. 이곳은 날씨가 항상 따뜻해서 사방이 꽃들로 가득 차 있었단다. 이 사람은 생각했지. '이곳은 일 년 내내 꽃이 피니까 이곳에서 양봉을 시작하면 돈을 많이 벌 수 있겠구나.'

그래서 벌집을 많이 만들어놓고 꿀벌을 갖다 놓았지. 처음에는 꿀이 어느 정도 모이기 시작했단다. 그러나 얼마 후에 문제가 생겼어. 벌들이 더 이상 꿀은 만들지 않고 그곳 주민들을 쏘기만 해대는 거야.

왜 그랬을까? (아이들의 대답을 들어 준 후) 사람들은 곰곰이 그 원인을 찾아보았지. 나중에 그들이 내린 결론은 이것이었단다.

처음에 벌들은 그 습성에 따라 꿀을 모으기 시작했지만, 시간이 흐르면서 차츰 그 섬에서는 꿀을 모을 필요가 없음을 알게 된 거지. 왜냐하면, 사시사철 꽃들이 피어있으니까 말이야. 더 이상 일할 필요를 못 느낀 벌들은 사람들이나 쏘아댔던 거야.

- 이 이야기를 듣고 각자 드는 생각이 있다면?
- 오늘의 교훈은 무엇일까? (아이들의 대답을 들어준 후, 오늘의 교훈을 따라하게 한다. – "일은 축복이다.")

3 단계: 성경 읽기 시 104:23(주제: 사람은 일하도록 태어났다)

4 단계: 대화

〈요절 설명〉 오늘 말씀은 사람이란 본래 어떤 존재인지 간단하게 말(규명)해 주고 있단다. 바로 우리 인간은 일하는 존재라는 거야. 바꿔 말하면, 일하지 않으면 사람도 아니라는 거지. 그래서 옛날 수도승들은 일하는 것(노동)을 신성한 일로 여기고 말씀 읽고 기도하는 것 외에 여러 가지 일들을 하곤 했단다. 바울은 이렇게 말했지. "누구든지 일하기 싫어하거든 먹지도 말게 하라"(살후 3:10).

〈일하지 않으면〉 일할 필요가 없어진 벌들은 관심을 딴 곳에 두게 되었지. 섬사람들을 쏘아대기 시작한 거야. 사람도 마찬가지란다. 열심히 일하지 않으면 그 시간에 무엇을 하겠니? 다른 사람의 허물을 들추어내고 그것을 비난하는 일에 신경을 쓰게 되겠지. 괜한 다툼도 사람들이 무료할 때, 곧 아무 일도 하지 않을 때 벌어지는 거란다. 다툼뿐 아니라, 일하지 않을 때 사람들 마음속에 침투하는 것이 있지. 바로 유혹이란다. 사람들은 무료할 때 딴 생각을 하게 되지(예: 예전에 농촌에서의 도박행위는 대개 농한기 때 일어났다. 인터넷도 대개 무료할 때 쓸데없는 곳을 검색하게 된다).

〈일의 유익〉 사람은 일을 하면서 살아야 한단다. 일이 우리에게 주는 유익들이 있지. 첫째, 열심히 일하면 돈을 벌게 된단다. 돈을 벌어서 안정된 생활을 할 수 있게 되는 거야. 둘째로, 열심히 일을 하면 보람을 느끼게 된단다. 가정과 회사, 더 나아가 국가에 기여했다는 마음으로 가슴이 뿌듯해지게 되지. 세 번째로, 일을 통해 우리는 자기 계발을 할 수 있게 되지. 사람은 배만 부르다고 행복한 게 아니란다. 자기가 하고 싶은 일을 하면서 꿈을 실현해 갈 때 진정한 행복을 느끼게 되는 거야. 그리고 마지막으로, 우리는 일을 통해 하나님께 영광을 돌릴 수 있단다. 일은 하나님이 주신 거야. 그 일에 최선을 다할 때 하나님께서 영광을 받으시지. 그리고 그 일을 통해 번 돈을 하나님께 바치고 선한 일에 사용할 때 하나님께서는 더 큰 영광을 받으시는 거야.

너희는 나중에 어떤 일을 하고 싶니?

지금 너희들이 열심히 해야 할 일은 무엇이겠니?

5 단계: 기도

- 꿀벌을 통해 교훈을 얻게 하신 하나님께 감사드리고,
- 하나님의 일꾼으로서 최선을 다해 사는 사람이 되게 해 달라고 기도하렴.

3월 넷째 주

목표: 편안한 상황에 안주하는 것(게으름)의 위험을 알고 발전을 위해 계속 노력해야 함을 깨닫게 한다.

물고기 잡는 법을 잊어버린 **펠리컨**

– 게으름 피우지 말라

1 단계: 찬양 아이들과 함께 즐거운 찬양하기!

2 단계: 흥미유발 이야기

펠리컨이라는 새 이름을 들어봤니? (그림을 보여주며) 펠리컨은 이렇게 아래쪽 부리에 주머니를 가지고 있지. 물론 주머니가 없는 펠리컨도 있긴 해. 펠리컨은 원래 물고기를 잡는 데 능숙한 새란다. 오늘은 펠리컨에 대한 이야기야.

미국의 한 해안가에 (캘리포니아 주 몬터레이) 펠리컨들이 많이 살고 있었지. 그런데 언제부터인지 펠리컨들이 죽어가는 거야. 소중한 펠리컨의 수가 줄어들자 시당국에서는 새(조류) 전문가들을 보내어 그 원인을 알아보게 했어. 몇 주간 원인 조사를 벌인 전문가들은 충격적인 사실을 발견했단다. 죽은 펠리컨들은 무슨 오염 물질에 의해 죽은 것이 아니라 바로 굶어서 죽게 되었다는 거야. 사실 그 해안가는 먹이가 풍부한 지역이었거든. 그래서 굶어 죽을 이유가 전혀 없었던 거지.

그런데 왜 펠리컨들이 굶어 죽게 된 것일까? (아이들의 의견을 들어준 후)

학자들이 조사해 보니, 수십 년 동안 이 지역의 어부들은 잡은 물고기 가운데 작은 것들은 펠리컨들에게 내어주었다고 하는구나. 그러니까 오랫동안 펠리컨들은 버려진 물고기로 배를 채울 수 있었기 때문에 스스로 물고기를 잡을 생각을 안 했던 거야. 그렇게 수십 년이 지난 후에 작은 물고기들이 상업적으로 쓸모가 있게 되었지. 어부들은 더 이상 그것들을 버리지 않았어.

그런데도 펠리컨들은 스스로 물고기를 잡을 생각을 하지 않았다고 하는구나. 왜냐하면 태어날 때부터 물고기를 주워 먹던 펠리컨들은 바다 속의 물고기를 잡는 법을 배운 적이 없기 때문이었지. 물고기를 주워 먹기 시작한 때의 펠리컨들은 게을러져서 물고기를 직접 잡지 않았고, 그 다음 세대의 펠리컨들은 부모 세대가 물고기를 잡는 모습을 본 적이 없기 때문에 물고기 잡는 법을 몰라 굶어 죽었던 거야.

자꾸만 굶어 죽어가는 펠리컨을 살리기 위해 학자들은 고심 끝에 한 가지 방법을 생각해내었단다. 바로 다른 지역에서 살던 야생 펠리컨 몇 마리를 이 해안가로 옮겨놓은 거지. 새로 온 펠리컨들이 굶어 죽어가던 펠리컨 무리 사이에 들어가자 이상한 변화가 일어났단다. 새로 온 펠리컨들이 능숙하게 물고기를 잡는 모습을 보고 기존의 펠리컨들도 똑같이 따라하기 시작한 거야.

- 만약 초기의 펠리컨들이 게으름을 피우지 않고 물고기를 계속 직접 잡아먹었다면 어떻게 되었을까? (다음 세대 펠리컨들은 굶어 죽지 않았을 것이다.)
- 오늘의 교훈은 뭘까? (아이들의 대답을 들어준 후, 오늘의 교훈을 따라하게 한다. – "게으름 피우지 말라." 혹은 "현실에 안주하지 말라.")

3 단계: 성경 읽기 전 10:18(주제: 게으르면 살림을 망친다)

4 단계: 대화

〈요절 설명〉 오늘 요절 말씀에서 '서까래'가 무엇일까? 서까래는 지붕을 받쳐주는 목재를 가리킨단다. 만약 집주인이 항상 지붕에 무슨 문제가 있지 않나 주의하며 살펴봐야 하지. 그런데 만약 집주인이 게으르면 지붕이 오래돼도 살펴보지 않겠지. 그러니 시간이 지나면 자연히 서까래가 가라앉고 집에 물이 새게 되겠지. 곧 게으르면 망한다는 말씀이란다.

〈스스로 해야 하는 이유〉 만약 엄마 아빠가 너희가 어릴 때부터 옷도 입혀주고 얼굴도 씻겨주고 머리도 감겨주고 밥도 먹여주었다면, 지금쯤 어떻게 되었을까? (스스로 하려고 하지 않을 것이다. 무척 게을러졌을 것이다. 버릇이 없어졌을 것이다.) 그럼, 너희 대신 매일 누가 학교에 가 준다면 어떻게 될까? (편하겠지만 뭔가를 배우지 못할 것이다. 남보다 뒤쳐질 것이다. 도태될 것이다.) 다른 사람이 대신 해 준다면 당장은 편하겠지만 펠리컨들처럼 게을러지고 말거야. 그리고 살아가는 방법을 터득하지 못하겠지. 결국 사회에 나가 자신 있게 활동하지 못할 거야.

이것이 바로 남을 의지하지 않고 스스로 뭔가를 해결할 줄 알아야 하는 이유란다(자녀가 고학년 이상이라면 영적 성장을 위해 어떻게 해야 할지 생각해 보게 한다. 영적 성장을 위해서는 스스로 말씀을 묵상하고 적용할 줄 알아야 한다).

〈본받을 친구를 곁에 두라〉 그런데 펠리컨 이야기에서 생각하고 넘어가야 할 것이 있어. 굶어 죽어가던 펠리컨들이 어떻게 살아났지? 그래, 다른 야생 펠리컨들이 직접 물고기를 잡는 모습을 보고 나서지.

이것은 본받을 만한 친구의 중요성을 말해 준단다. 우리는 때때로 '그건 내게 너무 버거운 일이야', '그런 건 아직 할 수 없어'라며 어떤 일에 자신 없어 할 때가 있지. 이렇게 우리가 생각지도 못했던 일을 친구가 어려움 없이 해내는 것을 보면, 큰 충격과 함께 도전을 받게 된단다. '나도 한 번 해 볼까?' 하는 새로운 인식이 생기는 거지. 혹시 이러한 경험을 한 적이 있니?

5 단계: 기도

- 게으름을 피우고 살았다면 하나님께 회개하고,
- 스스로 물고기를 잡을 줄 알고, 좋은 친구를 사귈 수 있게 해달라고 기도하렴.

성장의 대가

- 나비가 되는 애벌레 – 고통의 유익을 알라
- 진주를 만드는 굴 – 시련의 유익을 알라
- 천적인 메기 때문에 신선해지는 청어 – 긴장감의 유익을 알라
- 딱딱한 바위를 먹는 달팽이 – 어려운 것을 선택하라

4월 첫째 주

목표: 인생에서 고통이 주는 유익을 깨닫게 한다.

나비가 되는 애벌레

– 고통의 유익을 알라

1 단계: 찬양 아이들과 함께 즐거운 찬양하기!

2 단계: 흥미유발 이야기

나비는 참 신기한 곤충이지. 알로 태어났다가 곧바로 나비로 나오는 것이 아니라 (그림을 보여주며) 이렇게 두 번의 특이한 과정을 거치게 되는데, 먼저 애벌레가 되었다가 다음으로 딱딱한 번데기로 긴 시간을 나뭇잎에 대롱대롱 매달려 보내게 되지. 그러다가 때가 되면, 번데기 안에 있던 나비가 껍질을 뚫고 세상에 나오게 되는 거란다.

그런데 만약 나비가 단단한 껍질을 뚫고 나오려는 순간에 그 모습이 너무 힘들어 보여서 예리한 칼로 껍질을 잘라주면 어떻게 될까? (아이들의 대답을 들어준 후) 이와 관련된 한 이야기가 있단다.

어느 봄날, 아빠와 딸이 산책을 하다가 막 껍질을 뚫고 나오는 나비를 발견하게 되었어. 자세히 들여다보니, 나비의 한쪽 날개가 이미 나와 있었지.

딸이 갑자기 소리쳤어. "아빠, 나비가 나오려고 해요. 근데 너무 힘들어 보여요. 아빠, 도와주면 안 돼요?"

마침 아빠도 도와주고 싶은 마음이 생겨서 나비가 좀 더 쉽게 고치를 빠져나올 수 있도록 손으로 껍질을 벌려주었지. 그러나 쉽게 빠져나온 나비는 기대했던 것처럼 하늘을 훨훨 날기는커녕 날개를 펴지도 못하고 꿈틀거리다가 결국 죽고 말았단다.

- 왜 나비는 죽게 되었을까? (아이들의 대답을 들어준 후 다음을 참고하여 답해주라: 나비는 스스로 껍질을 뚫고 나오는 과정에서 날개에 힘을 얻게 되고 각 조직이 발달된다. 편하게 빠져나온 나비는 날개에 힘이 없어 날지 못하고 꿈틀거리다 결국 죽게 된다.)
- 오늘의 교훈은 무엇일까? (아이들의 대답을 듣고 격려해 준 후, 오늘의 교훈을 따라하게 한다. – "고통은 성장의 발판이다.")

3 단계: 성경 읽기 롬 5:3–4(주제: 환난은 소망을 이루게 한다)

4 단계: 대화

〈요절 설명〉 너희는 어려운 일, 고통스러운 일을 만나면 기분이 어떠니?

그런데 오늘 요절에는 쉽게 이해할 수 없는 말씀이 나오는구나. '환난 중에도 즐거워하나니 ….' 우리를 힘들게 하는 일이 생기면 즐거워하기는커녕 쉽게 불평하거나 원망하는 것이 자연스러운 일일 텐데 말이야.

하지만 우리가 고통 중에도 즐거워할 수 있는 이유가 있단다. 바로 환난이나 고통은 우리에게 인내력을 키워주고 더 나아가 소망을 이룰 수 있게 해준다는 거야.

〈고통 1 – 꿈을 이루는 조건〉 애벌레의 꿈은 무엇이었을까? 그래, 아름다운 나비가 되는 것이었겠지. 그리고 예쁜 두 날개를 펄럭거리며 하늘을 날아다니는 것이 애벌레의 소망이었을 거야. 그러나 애벌레가 나비가 되려면 반드시 거쳐야 하는 일이 있는데 그것이 바로 딱딱한 누에 껍질을 뚫고 나오는 것이란다. 껍질을 뚫고 나오는 것이 나비로서는 무척 힘든 일이겠지만, 그 과정을 통해 나비는 두 날개에 힘이 생기고 몸의 각 기관이 발달하게 되지. 애벌레의 꿈은 고통을 참아낼 때 이루어지는 거란다.

우리도 마찬가지야. 그냥 이루어지는 꿈은 없단다. 꿈을 이루기 위해 필요한 힘과 능력을 얻으려면 고통스러운 일들을 이겨내야 하지. 요즘 너희에게 힘든 일은 무엇이니?

〈고통 2 – 성품을 이루는 조건〉 (자녀의 연령에 맞게 이 단락을 적절하게 사용하라.) 나비는 껍질을 뚫고 나오기 위해 오랜 시간 참고 견뎌야 하지. 그 인내의 시간을 통해 나비는 더 아름다운 모습으로 다듬어지는 거란다. 오늘 말씀에서도 인내는 연단을 만든다고 했지. 여기서 '연단'이란 '성품'(character, NIV)을 가리킨단다. 곧 좋은 성품은 인내를 통해 길러진다는 거야.

그렇다면 하나님께서 우리에게 왜 고통을 주시는지 이유를 알 수 있겠구나. 왜일까? (예수님을 닮은 성품을 갖게 하려고)

앞으로 힘든 일이 생길 때 어떤 자세로 임해야겠니?

5 단계: 기도

- 나비를 통해 교훈을 깨닫게 하신 하나님께 감사드리고,
- 힘든 일이나 상황에 원망하지 말고 이겨낼 수 있는 힘을 달라고 기도하렴.

4월 둘째 주

목표: 하나님께 쓰임받는 존귀한 인생은 시련을 통해 만들어진다는 사실을 깨닫게 한다.

진주를 만드는 굴

– 시련의 유익을 알라

1 단계: 찬양 아이들과 함께 즐거운 찬양하기!

2 단계: 흥미유발 이야기

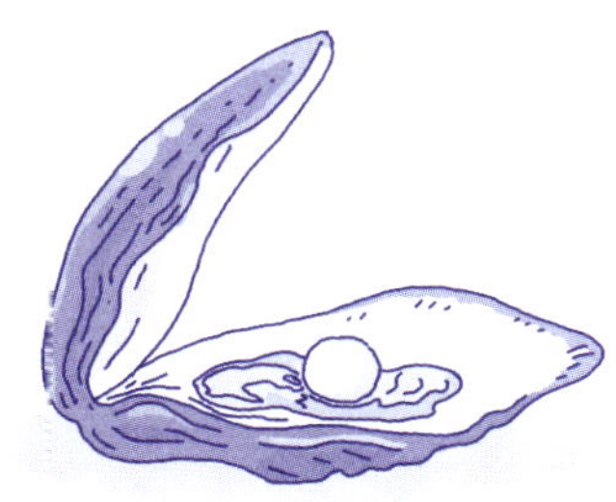

오늘은 바다의 우유라고 불리는 굴에 대해서 살펴보려고 한단다. 굴의 별명이 바다의 우유인 이유는 단백질이 아주 풍부하기 때문이지. 단백질이 우유보다 2배가량이나 많고, 몸에 좋은 칼슘, 비타민 등도 많이 함유하고 있다고 한단다.

흐물흐물해 보이는 굴에게도 있을 건 다 있단다. 입도 있고, 위, 내장, 근육, 심장, 혈관, 항문도 있지. 그리고 아가미가 있어서 물고기처럼 숨을 쉬고, 외투막이라는 얇은 막이 껍데기를 자라게 해주고 동시에 몸을 보호해주는 역할을 한단다. 주로 플랑크톤을 먹고 사는데, 바닷물 속에서 굴이 흡입할 수 있는 유기물들은 다 먹고 산다고 보면 된단다.

그런데 굴이 만들어내는 최고의 보물이 있어. 무엇일까? (진주) 그래, 진주란다. 진주는 오랜 옛날부터 값비싼 보물로 소중하게 여겨져 왔지. 굴이 어떻게 진주를 만들어내는지 아니? 진주는 작은 모래알이나 돌의 파편이 굴 속에 들어오게 되면서 형성되기 시작한단다. 굴 속에 들어온 작은 파편은 굴의 몸(외투막)을 괴롭히게 되지. 이것은 마치 우리 눈에 작은 흙먼지가 들어와서 성가시게 하는 것과 같단다. 흙먼지를 가만히 놓아두면 안 되겠지. 성가시기도 하지만 무엇보다 오래 놓아두면 눈에 염증이 생기게 된단다. 그러니 가능하면 빨리 눈의 이물질을 제거해야 하지.

굴도 마찬가지란다. 굴 속에 들어온 모래알이나 돌의 파편을 그냥 놔두면 몸에 염증을 일으켜서 결국 병들어 죽게 된단다. 그래서 굴은 자신을 보호하기 위해 껍질을 자라게 하는 물질을 분비해서 그 모래알을 감싸기 시작하지. 서서히 한 겹 한 겹 모래알을 감쌀 때마다 크기와 모양이 커지고 동그래지는데 이것이 바로 그 아름답고 값비싼 진주가 되는 거란다.

- 진주는 '굴의 눈물'이라는 별명을 가지고 있단다. 왜일까? (진주는 고통과 시련을 참고 견뎌낸 결과물이기 때문)
- 오늘의 교훈은 무엇일까? (아이들의 대답을 들어준 후, 오늘의 교훈을 따라하게 한다. – "시련을 마음으로 품어라.")

3 단계: 성경 읽기 약 1:2–4(주제: 온전함은 시련(시험)을 통해 만들어진다)

4 단계: 대화

〈요절 설명〉 오늘 말씀은 성도가 시련을 만나면 어떻게 해야 하는지를 가르쳐주고 있단다. 우선 우리는 시련이 닥치면 기분이 안 좋지. 우울해지고. 그러나 오늘 말씀은 정반대의 말씀을 하고 있단다. 시련이 닥치면 도리어 기뻐하라는 거야. 왜냐하면 그 시련을 통해 우리의 성품과 인품이 온전해지기 때문이란다.

〈두 종류의 시련〉 우리가 인생을 살아가다 보면 고통스러운 일 혹은 힘든 일들을 만나게 되지. 그런데 우리가 겪는 고통을 두 가지로 나누어 볼 수 있단다. 하나는 '살아가면서 당연히 겪게 되는 시련'이고, 다른 하나는 '살아가면서 예기치 않게 겪게 되는 시련'이지.

그럼 먼저, 당연히 겪게 되는 시련에는 어떤 것들이 있을까? (아이들의 대답을 들어주고 간단히 정리해준다.) 그래, 이 고통은 우리가 성장하면서 자연스럽게 겪게 되는 어려움들을 말하는 거지(나비가 되기 위해 애벌레가 겪어야 하는 고통을 상기시켜 주라). 우리도 자라가면서, 학년이 올라가면서, 사회에 진출하면서 통과해야 하는 여러 어려움들이 있단다. 이런 어려움들을 잘 통과하면 이 사회에서 쓰임받는 건강한 인간이 될 수 있는 거란다.

〈예기치 않은 고통〉 그러나 하나님께 쓰임받는 건강한 인간은 누구나 겪는 어려움을 통과하는 정도로 만들어지지 않는단다. 정말 하나님 보시기에 아름답고 소중한 사람은 예기치 않게 겪게 되는 시련을 통해서 만들어지지. 마치 아름다운 진주를 만드는 굴과 같이 말이야. 진주는 모든 굴이 다 만들어내는 것이 아니지. 예기치 않게 한 알의 모래알이 몸속에 들어와서 오랜 고통과 시련을 받은 굴만이 만들어내는 최상의 결과물이지. 인생은 항상 평탄하고 좋은 일만 생기는 것은 아니란다. 시련과 역경이 예기치 않게 나에게만 찾아올 수도 있단다. 그래서 더 아프고 그래서 더 힘들어 하게 되지.

그러나 그 어려움들에 대해 불평하거나 원망하지 않고, 그것을 받아들이고 인내로 잘 참아내면 하나님이 귀하게 쓰시는 보배롭고 존귀한 사람이 되는 거란다. 혹시 나만 겪는 아픔이라고 생각되는 것이 있니? (아이의 이야기를 들어주고 위로해 주라.)

5 단계: 기도

- 어려운 상황을 만나면 당황하지 않고 침착하게 하시고,
- 그때마다 믿음의 능력을 발휘하게 해달라고 기도하렴.

4월 셋째 주

목표: 자신을 힘들게 하는 상황이 도리어 자신의 성장과 발전을 위해 꼭 필요함을 깨닫게 한다.

천적인 메기 때문에 신선해지는 청어

– 긴장감의 유익을 알라

1 단계: 찬양 아이들과 함께 즐거운 찬양하기!

2 단계: 흥미유발 이야기

깊은 바닷물 속에 서식하는 물고기 중에 청어라는 것이 있단다. 영양도 좋을 뿐만 아니라 다양하게 요리해 먹을 수 있어서 사람들한테 인기 만점인 물고기지. 영국 사람들도 이 청어를 특히 좋아했는데, 한 가지 문젯거리가 있었다는구나. 먼 바다에서 잡혀온 청어들이 영국에 도착할 때쯤이 되면 거의 죽어 있었다는 거야. 그래서 청어잡이 어부들은 어떻게 하면 싱싱한 상태를 유지하며 운반할 수 있을지 고민이 많았지.

그런데 어느 때부턴가 펄떡거리는 싱싱한 청어가 런던의 어시장에서 비싼 가격으로 팔리기 시작했단다. 이상하게 여긴 다른 어부들이 그 어부에게 찾아가 비결을 물었지. "아니, 어떻게 당신의 청어들은 그렇게 싱싱하단 말이오? 그 방법을 가르쳐 주시오."

어부는 처음엔 가르쳐주기를 꺼려했지만, 동료 어부들이 계속 조르자 기어이 입을 열어 비밀을 가르쳐줬지. "나는 청어를 넣는 통에다 메기를 한 마리 넣습니다." 동료 어부들은 놀라 물었어. "그러면, 메기가 청어를 잡아먹지 않나?" "네, 맞습니다. 메기가 청어를 잡아먹지요. 그러나 놈은 청어를 두

세 마리밖에 못 잡아먹습니다. 하지만 그 통 안에 있는 수백 마리의 다른 청어들은 싱싱하게 살아서 도착하게 되지요. 왜냐하면 천적인 메기를 피해 다니느라 끊임없이 헤엄을 쳐야 하고 움직여야 하기 때문입니다."

- 한 통 안에서 메기를 피해 계속 헤엄을 쳐야 했던 청어의 심정이 어땠을지 상상해보자. 청어의 심정이 어땠을까? (괴로웠을 것이다. 바짝 긴장됐을 것이다.) 그러나 메기를 넣지 않는다면 청어들은 또 어떻게 된다고 했지? (육지 혹은 내륙에 닿기도 전에 죽고 만다.)
- 오늘의 교훈을 생각해 보자. 무엇일까? (아이들의 대답을 들어준 후, 오늘의 교훈을 따라하게 한다. – "긴장이 없으면 망한다." 혹은 "적당한 긴장감은 삶을 싱싱하게 만든다.")

3 단계: 성경 읽기 롬 8:28(주제: 고난도 삶의 발전(성숙)을 위한 필요조건이다)

4 단계: 대화

〈요절 설명〉 오늘 말씀에는 마지막 부분이 중요하단다. "모든 것이 합력하여 선을 이루느니라." 우리 인생이 잘 되기 위해서는 '모든 것'이 합쳐져야 한다는 거야. 이 '모든 것'은 말 그대로 모든 것, 고든 상황을 뜻하지. 즉, 좋은 일, 좋은 상황뿐만 아니라 나쁜 일, 나쁜 상황도 포함되는 거야. 그래서 이 모든 것들을 겪으면서 자라가야 우리 인생에 발전이 있고 성숙이 이루어진다는 거지.

〈삶 속의 메기 1: 괴롭게 하는 존재〉 청어 이야기로 다시 돌아가면, 메기는 청어를 괴롭히는 존재라고 볼 수 있을 거야. 그러나 메기로 인해서 청어는 싱싱함을 유지할 수 있었지. 우리 주변에서도 이런 예를 찾아 볼 수 있어. 아빠(엄마)는 어릴 때 숙제를 안 해오거나 준비물을 안 챙겨오면 벌을 주는 선생님 때문에 괴로웠던 적이 있었단다. 반 친구들은 선생님이 매를 들고 나타나면 바짝 긴장을 했지. 그러나 그런 선생님이 존재함으로 인해 반 아이들은 더욱 열심히 숙제를 해오고 준비물을 챙겨왔단다. 그 당시에는 괴로웠지만 그래도 그 덕에 공부를 열심히 할 수 있었지. OO에게도 더 잘하라는 차원에서 OO(이)를 괴롭게 하는 사람이 있니? (자녀의 대답을 들어준 후) 그 사람 때문에 못살겠다고 생각하지 말고 그 사람으로 인해서 내가 더 발전할 수 있는 거구나 라고 생각하렴. 그러면 오히려 그 사람으로 인해 감사하게 될 거야(자녀가 청소년이라면 괴롭게 하는 존재가 어디에나 있을 수 있고, 그 관계를 통해 더욱 성숙해지는 경험을 하게 되었음을 자신의 경험을 통해 보다 심도 있게 얘기해 주라. 예: 학교나 직장에서 상사와의 관계).

〈삶 속의 메기 2: 긴장되는 상황〉 또한 청어는 메기로 인해 괴로웠을 뿐만 아니라 바짝 긴장을 했지. 그러나 그 긴장감으로 인해 정신을 바짝 차리고 힘든 상황을 지나갈 수 있었어. 이와 같이 적당한 긴장감은 오히려 우리에게 (발전을 위해) 도움을 준단다. 만약 어떤 아이가 시험이 얼마 안 남았는데 긴장을 안 하고 있으면 어떻게 될까? 아마 시험 준비도 안 하고 펑펑 놀고만 있게 될 거야. 그러나 조금이라도 긴장을 하는 아이라면 시험을 위해 준비를 하겠지. 그렇게 시험 준비를 하면서 공부를 하게 되고, 공부를 하게 되면 좋은 성적을 받게 되겠지. 그래서 적당한 긴장은 싱싱한 삶을 위해 꼭 필요한 거란다.

5 단계: 기도

- 괴롭게 하는 사람, 긴장되는 상황 때문에 불평한 적이 있다면 이 시간 회개하고,
- 그 모든 상황들이 합력하여 OO의 인생에서 선을 이루게 해달라고 기도하렴.

4월 넷째 주

목표: 쉬운 것보다 힘든 것을 선택해야 성장할 수 있음을 깨닫게 한다.

딱딱한 바위를 먹는 달팽이

– 어려운 것을 선택하라

1 단계: 찬양 아이들과 함께 즐거운 찬양하기!

2 단계: 흥미유발 이야기

오늘의 동물은 바로 (그림을 보여주며) 달팽이란다. 달팽이를 통해 무슨 교훈을 얻을 수 있을까? (잠시 시간을 주고 대답을 들어본다. 아마 '느리게 살아라 정도의 대답이 나올 것이다.) 그래, 달팽이는 바쁘게 살아가는 많은 현대인들에게 느리게 살아가는 삶의 중요성을 일깨워 준단다. 그래서 많은 문학가들이 느리게 지나가는 달팽이를 묘사하면서 우리도 삶의 여유(느림의 미학)를 가지고 살아가자고 노래하고 있지.

그러나 오늘 우리가 기억해야 할 교훈은 그런 것이 아니란다. 느린 것은 달팽이의 특징이긴 하지만, 달팽이만의 독특한 특징은 아니란다. 거북이도 둘째가라면 서러운 느림보잖니. 그러나 달팽이만이 가지고 있는 독특한 특징이 하나 있단다. 그것이 무엇일까? (곰곰이 생각하게 만든 후) 달팽이는 식물을 먹고 살지. 특히 여름잠이나 겨울잠 같은 긴 잠을 자고 난 후에는 꽃잎이나 나뭇잎을 엄청 먹어댄단다. 달팽이는 '치설'이라는 작은 이빨이 있어서 이파리를 갉아먹을 수 있지. 이렇게 먹은 식물들은 달팽이의 몸에 영양분을 공급해서 몸이 자라게 해주는 거야.

그런데 달팽이는 식물만 먹는 것이 아니란다. 몸을 숨길 수 있는 크고 튼튼한 껍데기를 만들려면 '탄산칼슘'이라는 영양분이 필요한데 이것은 나뭇잎에는 들어있지 않거든.

그럼, 달팽이는 어떻게 이 영양분을 섭취하는 걸까? 바로 촉촉한 바위 위에 붙어서 바위의 석회질을 진액으로 녹여서 섭취하는 거란다. 결국, 달팽이는 딱딱한 바위를 먹고 사는 특이한 동물인 거지.

- 달팽이가 나뭇잎을 먹는 것이 쉬울까, 바위를 먹는 것이 쉬울까? (나뭇잎을 먹는 것이 쉬울 것이다.)

  만약 달팽이가 부드러운 나뭇잎만 먹고 딱딱한 바위를 먹지 않는다면 어떻게 될까? (튼튼한 껍데기를 갖지 못할 것이다; 껍데기가 약해져 쉽게 깨질 것이다.)
- 오늘의 교훈은 무엇일까? (아이들의 대답을 듣고 격려해 준 후, 오늘의 교훈을 따라하게 한다. – "쉬운 것만 하면 성장하지 않는다.")

3 단계: 성경 읽기

히 5:14(주제: 성숙은 어려운 것을 선택함으로 온다)

4 단계: 대화

〈요절 설명〉 만약 10살이 되고, 20살이 되었는데도 엄마 젖만 먹으려는 사람이 있다면 어떻겠니? (한심하다; 바보 같다) 신앙생활을 오래 했으면 그 수준이 장성한 분량에까지 이르러야겠지. 남을 가르칠 정도로 말이야(12절). 오늘 말씀은 우리가 성장하기 위해서 어떻게 해야 하는지를 가르쳐주고 있단다.

〈육체적 성장을 위해〉 먼저 우리의 몸이 튼튼하게 자라려면 어떻게 해야 할까? 우선 먹는 것을 골고루 먹어야 하겠지. 자기가 좋아하는 음식만 먹으면 영양분이 골고루 섭취되지 않아서 몸이 약해질 거야.

그런데 꼭 몸에 좋은 것은 딱딱하고 먹기도 불편한 것들이 많지. 마치 달팽이가 섭취하는 바위처럼 말이야(아이들이 싫어하는 음식들을 예로 들고, 그러나 그것들을 꼭 먹어야 튼튼해짐을 얘기해 주라. 콩, 멸치 등). 운동도 마찬가지란다(줄넘기도 10개가 쉽다고 항상 10개만 하면 체력증진에 도움이 되지 않는다. 20개, 30개씩 늘려가야, 즉 힘든 일에 도전해야 발전이 있다. 다양한 운동의 예들을 들어주라).

〈영적 성장을 위해〉 공부도 마찬가지겠지. 쉬운 문제만 계속 풀고 있으면 발전이 없을 거야. 힘들어도 어려운 문제를 붙들고 씨름을 해봐야 그만큼의 발전이 있는 거지.

오늘 말씀에도 '장성한 자'란 자신의 지각을 훈련시킨 자(NASB)라고 했단다. 특별히 우리가 영적으로 더욱 성장하기를 바란다면, 꼭 해야 할 것이 있단다. 말씀에 대한 우리의 지각을 발달시켜야 한다는 거야.

그러면 어떻게 해야 할까? 어려운 것을 선택해야겠지.

그것이 무엇일까? (성경공부, 깊은 묵상, 간절한 기도 등)

5 단계: 기도

- (어린 아이들일 경우) 튼튼한 몸을 위해 음식을 골고루 먹게 해달라고 기도하고,
- 영적 성장을 위해 더욱 힘쓰게 해달라고 기도하렴.

믿음의 삶

- 호흡이 필요한 돌고래 – 항상 기도하라
- 이리저리 떠다니는 해파리 – 견고한 믿음을 가지라
- 나는 것을 잊어버리는 뱀잡이 수리 – 믿음을 발휘하라
- 으르렁거리는 사자 – 마귀를 대적하라
- 모이면 안전한 얼룩말 – 모이기에 힘쓰라

5월 첫째 주

목표: 우리 인간이 영적 존재인 것을 알게 하고, 영적 호흡인 기도의 중요성을 깨닫게 한다.

호흡이 필요한 돌고래

– 항상 기도하라

1 단계: 찬양 아이들과 함께 즐거운 찬양하기!

2 단계: 흥미유발 이야기

바다에서 가장 머리가 좋은 동물은 무엇일까? 바로 돌고래란다. 어떤 학자들은 돌고래가 인간 다음으로 머리가 좋은 동물이라고 말하기도 한단다. 돌고래는 아주 특별한 능력을 가지고 있지. 바로 이마 부근에서 눈에 보이지 않는 음파를 내보낸다는 거야. 돌고래는 이 음파를 이용해서 서로 대화하기도 하고, 어두운 물 속에서 물체의 위치와 크기를 알아내기도 하지.

돌고래는 주로 무리를 지어 다니는데, 돌고래 떼가 물 위로 헤엄쳐 다닐 때에는 거의 완벽한 조화를 이루며 다닌다고 하는구나. 수십 마리의 돌고래가 서로 일정한 간격을 유지하는 것은 기본이고, 방향을 틀 때에도 서로 어떻게 알았는지 동시에 방향을 튼다고 한단다.

그런데 이렇게 똑똑하고 서로 사이좋게 잘 지내는 돌고래가 반드시 잊지 않고 하는 일이 있단다. 이것을 하지 않으면 돌고래는 물 속에서 죽고 말지. 무엇일까? 바로 일정한 시간이 되면 물 표면으로 나오는 거란다. 물 속에서 오래 있다 보면 폐에 물이 차게 되거든. 그러면 수면 위로 나와서 물을 빼내고 공기를 깊이 들이마시는 거란다. 돌고래는 다른 물고기(어류)와는 달리 폐로 호흡을 하는 포유류잖아(포유류는 폐로 호흡을 하고 새끼를 낳는다. 반면에, 물고기는 아가미로 호흡을 하고 알을 낳는다). 그래서 마냥 물 속에서만 지낼 수가 없는 거야. 물 속에서 헤엄쳐 다니다가도 심지어 잠을 자다가도 때가 되면 돌고래는 수면으로 나와서 깊은 호흡을 해야 살아갈 수 있는 거란다.

- **우리의 몸도 호흡을 통해 산소를 공급받아야 살 수 있지. 마찬가지로, 우리의 영혼도 영적 호흡을 해야 살 수 있단다. 이 영적 호흡은 무엇일까?** (기도)
- **오늘의 교훈은 무엇일까?** (아이들의 대답을 듣고 격려해 준 후, 오늘의 교훈을 따라하게 한다. – "기도 없인 살 수 없다.")

3 단계: 성경 읽기 골 4:2(주제: 기도를 계속하라)

4 단계: 대화

〈요절 설명〉 오늘 말씀은 정말 간단하지. 기도를 계속 하라는 거란다. 그러나 때때로 기도하고 싶은 마음이 생기지 않을 때드 있지. 그래서 필요한 것이 헌신이란다. 영어 성경(NIV, NASB)에는 이렇게 나와 있단다.

"기도에 자신을 헌신하라."

하기 싫을 때에도 감사하는 마음으로 기도에 깨어 있으라는 거야.

〈우리는 생령이다〉 우리는 신체를 가지고 있지만, 동시에 영혼을 가지고 있단다. 하나님이 인간을 만드시고 코에 생기를 불어넣으셨지. 그랬더니 사람이 생령이 되었다고 했단다(창 2:7). 여기서 생령은 살아있는 영혼을 가리켜. 우리 모두는 영혼을 가지고 있는 영적 존재란다. 그런데 우리의 영혼이 살아 있으려면 항상 영적 호흡을 통해 생기를 깊이 들이마셔야 하는 거란다. 이것을 가능하게 하는 것이 바로 기도라는 거야.

〈기도하는 사람〉 돌고래는 지능도 뛰어나고 재능도 아주 많지. 그래서 돌고래는 조련사의 지시에 따라 이리저리 잘 움직이고 다양한 재주를 부리기도 한단다. 그러나 수면에 나와서 숨을 쉬지 않으면 그 모든 지능과 재능이 소용없게 되지. 죽고 마니까.

우리도 마찬가지란다. 아무리 공부를 잘 하고 재주가 많다고 해도 기도생활을 하지 않으면 다 소용 없는 거란다. 공부를 잘 하고 실력을 키우는 것도 중요하지. 그러나 열심히 기도에 헌신하는 것 또한 중요하다는 사실을 기억하기 바란다. 하나님은 기도하는 사람과 함께하시기 때문이야.

5 단계: 기도

- 오늘도 공기를 호흡하며 무사히 살게 해주신 하나님께 감사드리고,
- 영적 호흡인 기도 생활을 감사함으로 계속할 수 있게 해 달라고 간구하렴.

5월 둘째 주

목표: 견고한 믿음을 가지고 흔들리지 않는 신앙생활을 하게 한다.

이리저리 떠다니는 **해파리**

– 견고한 믿음을 가지라

1 단계: 찬양 아이들과 함께 즐거운 찬양하기!

2 단계: 흥미유발 이야기

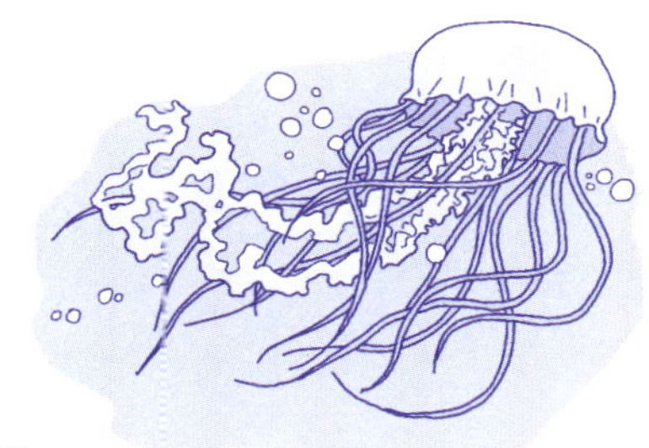

오늘의 동물은 무엇일까 한번 맞춰볼래? 이 동물은 뼈가 없고, 피도 없고, 신경도 없고, 심지어 뇌도 없는 동물이란다. 무엇일까? (대답을 들어준 후 맞추지 못한다면 힌트를 더 주라.) 생김새는 낙하산이나 종처럼 생겼고, 몸의 95% 이상이 물로 이루어졌다고 하는구나. 결정적인 힌트로는 바다에 사는 동물이란다. 무엇일까? (해파리) 그래, 해파리지.

해파리는 자기 힘으로 거의 이동을 못 한단다. 할 수 있는 것은 그저 우산처럼 생긴 몸통으로 펌프질해서 조금씩 앞으로 나아가는 것뿐이지. 해파리의 이동은 바닷물의 흐름에 달려 있다고 해도 과언이 아니란다. 바닷물이 오른쪽으로 넘실대면 오른쪽으로 가고, 왼쪽으로 넘실대면 왼쪽으로 가는 것이 해파리의 삶이지. 이렇게 바닷물의 흐름에 따라 군집을 이뤄 이리저리 떠다니다가 갑자기 해안가에 출몰하게 되면, 물놀이를 하다가 해파리에 쏘여서 큰 상처를 입는 사람들이 생겨나기도 하는 거란다.

해파리는 스스로 헤엄을 못 치고 물의 흐름에 따라 그저 이리저리 왔다 갔다 하기 때문에 큰 물고기가 잡아먹으려고 하면 도망갈 방법이 없단다. 그저 잡아먹히는 수밖에 없지.

하지만 해파리에게 무기가 없는 것은 아니란다. 몸통 아래로 길게 늘어진 촉수들이 있는데, 이 촉수에는 독침들이 굉장히 많이 박혀있거든. 여기에 어떤 생물이 닿게 되면 즉시로 마비 증세가 나타나게 된단다. 이것을 이용해서 플랑크톤과 작은 물고기들을 잡아먹지.

- **만약 죽은 해파리의 촉수를 만지면 어떻게 될까?** (독침에 쏘여서 상처를 입게 된다. 놀라운 것은 죽은 해파리라도 그 촉수에 닿으면 독침에 쏘인다고 한다.)
- **오늘의 교훈은 무엇일까?** (아이들의 대답을 듣고 격려해 준 후, 오늘의 교훈을 따라하게 한다. –"견실하고 흔들리지 말자.")

3 단계: 성경 읽기 고전 15:58(주제: 믿음에 견고하여 흔들리지 말라)

4 단계: 대화

〈요절 설명〉 오늘 말씀은 바울 사도가 고린도 교회의 성도들에게 당부하는 말씀이란다. 곧 견고한 믿음 위에 서서 흔들리지 말라는 거지. 그리고 주님의 일에 더욱 힘쓰라는 거야. 하나님이 우리에게 원하시는 것은 흔들리지 않는 믿음 위에서 기뻐함으로 주님의 일을 감당하는 거란다.

〈해파리 신앙 1 – 흔들림〉 믿음이 굳건(견실)하지 못한 사람은 마치 바닷물의 흐름에 따라 이리저리 떠다니는 해파리와 같단다. 이런 종류의 사람은 어느 때는 하나님 말씀대로 살아가는 듯 하다가도, 또 어느 때는 언제 그랬냐는 듯이 말씀과 상관없이 살아가지. 또 어느 때는 믿음이 뜨거워진 듯 하다가도 어느 때는 믿음이 냉랭해지고, 또 어느 때는 주의 일에 열심인 듯 하다가도 어느 때는 나 몰라라 하지. 이런 사람은 쉽게 흔들리고 또 쉽게 무너진단다.

마치 큰 물고기 앞에서 도망칠 수 없는 해파리처럼 말이야.

〈해파리 신앙 2 – 상처줌〉 이런 사람의 특징이 무엇인지 아니? 자신의 부족한 신앙은 돌아보지 않고 다른 사람 비판은 잘 한다는 거야. 해파리는 자신을 건드리는 것에 독침을 쏘지. 죽은 상태에서도 말이야. 이리저리 흔들리는 믿음을 가진 사람도 마찬가지란다.

이런 사람은 교회에서 신앙생활 잘 하는 사람들을 비판하고 비아냥거리기도 한단다. 생각이 항상 부정적이고 말이야. 그래서 남에게 아픔과 상처를 주기도 하지. 너의 주변에 이렇게 부정적인 말을 하거나 상처를 주는 말을 하는 사람이 있니? 왜 그럴까? (굳건한 믿음을 갖지 못해서)

5 단계: 기도

- 흔들리지 않는 견고한 믿음을 갖게 해달라고 기도하고,
- 기뻐함으로 주의 일에 힘쓰게 해달라고 기도하렴.

5월 셋째 주

목표: 위기 상황에서 믿음의 능력을 발휘할 줄 아는 자녀가 되게 한다.

나는 것을 잊어버리는 뱀잡이 수리

– 믿음을 발휘하라

1 단계: 찬양 아이들과 함께 즐거운 찬양하기!

2 단계: 흥미유발 이야기

아프리카 사하라 사막 남쪽에는 참 신기한 새가 살고 있지. 이름도 참 특이 하단다. (그림을 보여주며) 바로 이렇게 생겼는데, 이름은 '뱀잡이 수리'라고 하지. 그렇다고 독수리과에 속해 있지는 않단다. '뱀잡이 수리과'라는 독립된 종으로 분류되어 있지.

이름에서 알 수 있듯이, 이 새는 무엇을 먹고 살까? 그래, 바로 뱀을 잡아먹고 살지. 공중을 높이 날아다니다가 뱀을 발견하면, 쏜살같이 내려가서 길고 튼튼한 다리로 뱀을 꼼짝 못하게 해놓고 잡아먹지.

뱀잡이 수리는 재밌는 별명도 가지고 있단다. 머리 뒤쪽의 깃털이 마치 사람이 귀에 펜을 꽂고 있는 것 같다고 해서 '비서새'(secretary bird)라고도 하지(지금은 비서들이 컴퓨터를 사용하지만 옛날엔 펜을 주로 사용했거든).

그런데 이렇게 똑똑하고 용맹스럽게 생긴 뱀잡이 수리가 엉뚱한 행동을 할 때가 있다는구나. 땅 위에서 먹이를 먹고 있는 도중에 표범과 같은 맹수의 공격을 갑자기 받게 되면, 공중으로 날아오르지 않고 땅 위를 계속 달리기만 한다는 거야. 왜 뱀잡이 수리는 날지 않고 달리는 걸까? (아이들의 대답을 들어준 후) 너무나 갑작스런 위기 상황에 당황한 나머지 뱀잡이 수리는 자신이 날 수 있다는 생각을 하지 못한다는 거야. 결국 뱀잡이 수리는 얼마 못 가서 맹수에게 잡아먹히고 만단다.

- **뱀잡이 수리가 사람 말을 알아듣는다면 너희는 맹수의 공격을 받는 뱀잡이 수리에게 뭐라고 말해주겠니?** (어서 날아, 날개를 펴고 날아오르기만 하면 돼!)
- **오늘의 교훈은 무엇일까?** (아이들의 대답을 들어준 후, 오늘의 교훈을 따라하게 한다. – "신자의 믿음을 발휘하라.")

3 단계: 성경 읽기 눅 8:22–25(주제: 믿음을 발휘하라) (참조: 막 9:23)

4 단계: 대화

〈요절 설명〉 오늘 본문에는 예수님의 제자들이 갑작스런 위기 상황(어려움) 가운데 놓이게 되는 장면이 나온단다. 예수님과 함께 배를 타고 바다를 건너다가 심한 광풍을 만나게 되지. 배가 뒤집어질 것 같은 위태로운 상황 속에서 제자들은 그저 '어떡하지, 어떡하지' 하며 발만 동동 구르다가 주무시던 예수님을 깨우게 된단다. 그때 예수님께서 파도를 잠잠케 하시고 제자들에게 말씀하셨지. '너희 믿음이 어디 있느냐?'

〈위기상황에 직면하면〉 오늘 뱀잡이 수리와 제자들의 공통점은 무엇일까? (위기 상황에서 너무 당황했다. 너무 당황한 나머지 자신이 할 수 있는 일을 생각하지 못했다.) 사람들은 갑작스런 위기 상황에 처하게 되면 아무것도 하지 못하고 발만 동동 구르게 되지. 오늘 말씀의 제자들처럼 말이야. 너희는 앞이 캄캄해질 정도로 아무 생각도 안 나고, 어떻게 해야 할지 몰랐던 적이 있니? (너무 어린 자녀에게는 이 질문을 피하라. 부모는 자신이 겪었던 일들을 말해주라.) 그러나 그럴 때일수록 정신을 바짝 차리고 침착해야 한단다. 그래야 그 상황에서 빠져 나올 수 있는 방법이 떠오르는 거야.

〈믿음의 방법: 기도〉 뱀잡이 수리는 너무 당황해서 자신의 능력을 잊어버렸지. 날 수 있는 능력 말이야. 그러면 제자들이 위기 상황 속에서 잊어버린 능력은 무엇이었을까? (대답을 기다려준 후) 제자들이 잊어버렸던 능력은 바로 믿음의 능력이었단다. 예수님을 믿고 따르는 사람은 위기 상황에서 믿음을 발휘할 줄 알아야 한단다. 만약 제자들이 자신들에게 믿음의 능력이 있었다는 사실을 잊어버리지 않았다면, 광풍이 몰아치는 파도를 향해 뭐라고 외쳤을까? (잠잠하라, 멈춰라 등등)

우리 믿는 사람들이 위기 상황에서 할 수 있는 가장 위대한 믿음의 행위는 바로 기도하는 거란다. 어려운 상황을 만날 때마다 순간순간 기도하게 되면, 하나님께서 문제를 해결해주실 거야(요절 말씀을 따라 읽게 하라).

5 단계: 기도

- 어려운 상황을 만나면 당황하지 않고 침착하게 하시고,
- 그때마다 믿음의 능력을 발휘하게 해달라고 기도하렴.

5월 넷째 주

목표: 마귀의 속성을 알고 이를 이기는 방법을 알게 한다.

으르렁거리는 사자

– 마귀를 대적하라

1 단계: 찬양 아이들과 함께 즐거운 찬양하기!

2 단계: 흥미유발 이야기

(그림을 보여주며) 오늘은 밀림의 왕자 사자에 대해서 알아보자꾸나. 사자는 그 별명에 걸맞게 생김새도 품위 있어 보이고, 힘도 세서 다른 짐승이 함부로 덤비지 못하지. 사자가 잡혀먹혔다는 소리를 들어본 적이 있니? 사자는 강한 근육과 손톱, 그리고 날렵한 사냥 솜씨로 오랫동안 야생의 동물들을 지배해 왔단다.

그런데 사자가 밀림의 왕자(절대 강자)로서의 자리를 굳건히 지켜올 수 있었던 아주 중요한 요소가 있단다. 그것은 강한 근육도 아니고, 날카로운 손톱도 아니고, 사냥 솜씨도 아니란다. 그것이 무엇일까? (아이들의 대답을 들어준 후) 바로 사자의 으르렁거리는 울음소리란다.

사자가 한 번 으르렁거리면, 그 소리가 어디까지 들리는지 아니? 8킬로미터 떨어진 곳까지 들린다고 하는구나(그 거리는 우리 집에서 OO까지의 거리란다). 그 소리는 느리면서도 엄청 우렁차서 사자가 울 때 옆에 있으면, 마치 지진이 난 듯 온몸이 머리 끝부터 발끝까지 진동하게 된다는구나. 그러니 야생의 다른 짐승들이 사자의 울음소리를 들으면 얼마나 겁을 내겠니? 울음소리 한 번에 기겁을 하고, 아예 그 근처에는 얼씬도 안 하게 되겠지.

- **그런데 사자는 주로 밤에 울까, 낮에 울까?** (밤) **사탄 마귀도 주로 활동하는 때가 있단다. 밤일까, 낮일까?** (밤)
- **오늘의 교훈은 무엇일까?** (아이들의 대답을 듣고 격려해 준 후, 오늘의 교훈을 따라하게 한다. – "마귀의 속성을 알라." 혹은 "믿음으로 마귀를 대적하라.")

3 단계: 성경 읽기 벧전 5:8–9

(주제: 마귀의 속성을 알고 믿음으로 담대히 대적하라)

4 단계: 대화

〈요절 설명〉 오늘 말씀은 사탄 마귀의 속성을 우는 사자에 빗대어 나타내고 있단다. 우는 사자는 짐승들에게 두려움의 대상이지. 마귀는 바로 이 우는 사자와 같이 잡아먹을 자들을 찾아다니고 있다는 거야. 이 말씀을 통해서 마귀의 속성을 더 살펴보자꾸나.

〈마귀의 속성〉 사자는 주로 밤에 으르렁거린다고 했지. 사탄도 주로 밤에 활동을 한단다. 세상의 온갖 범죄들을 봐라(강도, 살인, 폭력 등등). 그것들은 주로 밝은 대낮이 아닌, 어두운 밤에 일어나지. 사탄은 주로 은밀한 밤에 사람들로 하여금 악한 생각을 품게 하고 악한 행동을 하게 한단다. 또한 사자가 으르렁거리는 주된 이유는 두려움을 만들어내기 위해서란다. 마찬가지로, 사탄의 주된 무기 또한 두려움이란다. 두려움을 조성해서 사탄에게 대적하지 못하게 하는 거지.

〈마귀를 대적하라〉 그래서 성경은 항상 우리에게 이렇게 말씀하고 있는 거란다. '두려워하지 말라'고 말이야. 특별히 오늘 말씀은 마귀를 대적하는 방법을 가르쳐주고 있단다. 먼저 우리가 해야 할 일은 마귀의 속성을 알고 정신을 바짝 차리고 있는 거란다(마귀의 속성을 다시 묻고 확인한다). 이것이 근신하고 깨어 있으라는 말의 의미란다.

그리고 마귀를 대적하려면 우리에게도 무기가 필요하겠지? 그것이 무엇일까? 바로 '굳건한 믿음'이란다. 마귀는 다양한 방법으로 우리를 공격하지. 두려운 마음을 주기도 하고 믿음을 저버리도록 유혹하기도 하지. 예수님도 마귀의 유혹을 받으셨잖아(눅 4:1-13). 이럴 때 우리에게 필요한 것은 더욱 하나님을 굳건히 붙드는 거란다. 하나님을 의지하면서 예수님의 이름을 외치며 나아갈 때 마귀를 능히 대적할 수 있는 거란다.

5 단계: 기도

- OO(이)를 자녀 삼아 주신 하나님의 은혜에 감사드리고,
- 날마다 하나님을 의지하며 악한 마귀를 능히 대적하며 살 수 있게 해달라고 기도하렴.

5월 다섯째 주

목표: 성도가 함께 모이는 것의 중요성을 알게 하고, 모이기에 더욱 힘쓰게 한다.

모이면 안전한 얼룩말

– 모이기에 힘쓰라

1 단계: 찬양 아이들과 함께 즐거운 찬양하기!

2 단계: 흥미유발 이야기

오늘은 줄무늬로 유명한 얼룩말에 대해서 살펴보기로 하자꾸나. 먼저 흥미로운 문제를 내 볼게. 얼룩말의 줄무늬는 검은색과 흰색으로 교대로 나 있지. 그러면 까만 바탕 위에 흰 줄무늬가 나 있는 걸까? 하얀 바탕 위에 검은 줄무늬가 나 있는 걸까? (대답을 들어주고) 얼룩말의 털을 깎으면 검은색 피부가 나온다고 하는구나. 그렇다고 검은 바탕 위에 흰 줄무늬가 나 있는 건 아니고, 검은 피부 위에 검은 털과 흰 털이 교대로 나 있는 거란다.

얼룩말을 언뜻 보면 줄무늬가 다 똑같아 보이지만, 사실 얼룩말마다 서로 다른 독특한 줄무늬를 가지고 있단다. 마치 우리 인간이 서로 다른 지문을 가지고 있듯이 말이야. 얼룩말은 또 냄새를 잘 맡는단다. 특히 땅 속의 물 냄새를 맡고 깊이가 1미터나 되는 우물을 파기도 한단다. 이렇게 파 놓은 우물들을 다른 동물들이 애용하기도 하지.

얼룩말의 줄무늬가 빛을 발하는 때가 있단다. 사실 얼룩말은 주로 무리로 떼를 지어 서식을 하지. 그런데 이렇게 무리로 서로 모여 있으면 쉽게 적에게 노출되어 위험할 것 같지만 그렇지 않다는구나. 여럿이 모여 있는 얼룩말들의 줄무늬들을 보면 사자나 표범 같은 육식 동물은 눈을 한 곳에 둘 수가 없어 어지러워한다는구나. 그래서 오히려 얼룩말 무리를 피해간다는 거야. 얼룩말은 함께 모여 있어야 안전할 수 있는 거란다.

- **만약 얼룩말 한 마리가 따로 떨어져 생활한다면 어떻게 될까?** (곧 맹수에게 발견되어 잡아먹히고 만다.) 얼룩말의 줄무늬는 구리로 있을 때에는 어지러움을 일으키지만 홀로 있을 때에는 맹수의 눈에 선명한 표적이 된단다.
- **오늘의 교훈은 무엇일까?** (아이들의 대답을 들어준 후, 오늘의 교훈을 따라하게 한다. – "모이기에 힘쓰라.")

3 단계: 성경 읽기 히 10:25(주제: 모이기에 힘쓰라)

4 단계: 대화

〈요절 설명〉 오늘 요절 말씀은 믿는 사람들이 함께 모이는 것의 중요성을 말해주고 있단다. 성도들이 모이는 곳을 뭐라고 하지? (교회) 그래, 교회지. 교회란 부르심을 받은 사람들의 모임이라는 뜻이란다. 성도들은 교회로 모여서 함께 예배하고, 함께 기도하고 찬양하며 하나님께 영광을 돌린단다. 그리고 서로 돌아보며 약한 사람을 도와주기도 하고 말이야. 그래서 성도가 함께 모이는 것이야 말로 하나님이 원하시는 매우 중요한 일이란다.

〈교회로 모이는 이유〉 그런데 성도가 함께 모여야 하는 중요한 이유가 또 있단다. 그것은 성도가 혼자 있을 때에는 마귀가 (죄를 짓도록) 유혹할 때 넘어가기 쉽기 때문이란다. 마치 혼자 있는 얼룩말은 눈에 잘 띄어서 맹수에게 잘 포착되고 쉽게 먹잇감이 되듯이 말이야. 그러나 얼룩말이 무리로 모여 있으면 맹수가 얼씬도 하지 않는단다. 마찬가지로, 마귀는 성도가 함께 모여서 믿음의 거룩한 일들을 행할 때(기도하고 예배할 때) 근처에 얼씬도 하지 못한단다.

〈마귀의 방해〉 그래서 마귀는 항상 성도가 함께 모이는 것을 방해한단다. 교회 가기 싫은 마음을 주기도 하고, 어떤 사람을 통해서 교회 가지 말라는 소리를 듣기도 하지. 또 어떤 사람은 믿음만 있으면 되지, 교회는 다닐 필요가 없다고 말하는 사람도 있어. 이런 사람들이야 말로 오늘 말씀에 나오는 '모이기를 폐하는 사람들'이란다. 마귀는 이런 사람들을 이용해서 성도가 모이지 못하도록 방해한단다. 그러면 온 성도가 함께 모이기 위해서는 어떤 노력들이 필요할까? (더욱 모이기에 힘쓴다; 서로 협력한다; 함께 기도에 힘쓴다; 격려한다; 서로 용납하고 하나 되기 위해 힘쓴다 등)

5 단계: 기도

- 우리에게 교회를 주신 하나님께 감사드리고, (아이들은 교회를 주신 것에 감사해 본 적이 없을 것이다.)
- 더욱 모이기에 힘쓰고, 바르게 믿음 생활을 할 수 있게 해달라고 기도하렴.

건강한 대인관계

- 협동하며 이동하는 기러기 – 서로 도우며 살라
- 귀로 듣고 먹이를 잡는 올빼미 – 듣기는 속히 하고 말하기는 더디 하라
- 몸의 색깔을 바꾸는 카멜레온 – 상대방에 맞게 대하라
- 농작물에 피해를 주는 두더지 – 남의 잘못을 파헤치지 말라

6월 첫째 주

목표: 협동의 의미를 알고, 협동하는 가족 구성원이 되게 한다.

협동하며 이동하는 기러기

– 서로 도우며 살라

1 단계: 찬양 아이들과 함께 즐거운 찬양하기!

2 단계: 흥미유발 이야기

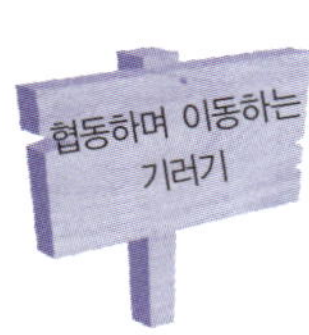

(그림을 보여주며) 기러기들이 이렇게 V자 모양으로 떼를 지어 날아가는 모습을 본 적이 있니? 기러기들은 왜 이렇게 V자 모양으로 날아갈까? (아이들의 대답을 들어준 후) 두 가지 이유 때문에 기러기들이 V자 모양으로 날아간다고 하는구나. 첫째 이유는, 힘을 아끼기 위해서란다. 기러기는 아주 먼 거리를 여행하는데, V자 모양으로 함께 날면 혼자 날 때보다 70% 이상 더 빨리 그리고 더 쉽게 날 수 있다는 거야. 두 번째 이유는, 서로를 바라보고 격려하기 위해서란다. 기러기들은 날면서 우는 소리를 내는데, 이것은 힘들어하는 새들에게 힘을 북돋아주는 격려의 소리라고 하는구나.

그럼, 여기서 문제 하나 내 볼까? (그림을 보여주며 묻는다.) 여기 V자 모양에서 어느 위치에 있는 기러기가 가장 힘이 들까? V자의 맨 앞에 있는 기러기가 제일 힘이 들까? 맨 뒤에 있는 기러기가 힘이 들까? (아이들의 대답을 들어준 후) 맨 앞에 있는 기러기가 가장 힘이 든단다. 왜냐하면 바람을 온몸으로 받으면서 가야 하기 때문이지. 그러나 V자 모양에서 두 번째 기러기부터는 앞에 있는 기러기로 인해 바람을 덜 받게 되어 보다 수월하게 날 수 있게 되지. 그럼, 반대로 가장 힘이 덜 드는 자리는 어디일까? 그래, 마지막 부분이란다.

그런데 여기서 놀라운 사실이 하나 있지. 맨 앞에서 날던 기러기가 지쳐서 힘이 빠지게 되면 맨 뒷자리로 이동을 하게 되고, 두 번째로 따라오던 기러기가 그 빈자리를 채운다는 거야. 이런 식으로 힘든 앞자리를 서로 교대로 맡아 날기 때문에 기러기들은 먼 거리를 이동할 수 있는 거란다.

- 기러기들이 힘을 절약하기 위해 V자 모양으로 이동한다는 것도 놀라운 일인데, 서로 힘든 자리를 교대로 맡는다는 것은 더욱 놀라운 사실인 것 같구나. 만약 기러기들이 서로 힘든 앞자리로 가려고 하지 않는다면 어떻게 될까? (V자 모양이 깨질 것이다; 성공적으로 목적지까지 갈 수 없을 것이다.)
- 오늘의 교훈은 무엇일까? (아이들의 대답을 들어준 후, 오늘의 교훈을 따라하게 한다. – "서로 도우며 살자." 혹은 "협동만이 살 길이다.")

3 단계: 성경 읽기 갈 6:2(주제: 어려운 일을 서로 감당하라)

4 단계: 대화

〈요절 설명〉 친구가 무거운 짐을 힘들게 들고 가고 있으면 어떻게 해야 할까? 가서 도와줘야겠지. 그런데 오늘 말씀에서 '짐'이란 들고 가는 가방을 말하기보단 어려운 일(혹은 상황)을 말하고 있는 거란다. 어려운 일을 어느 한 명만 하는 것이 아니라 돌아가면서 혹은 같이 (감당)하라는 거야. 이것이 바로 예수님의 뜻이라는 거야.

〈협동의 의미〉 V자 모양으로 날아가는 기러기들은 힘든 자리를 교대로 맡아가기 때문에 먼 거리를 효과적으로 이동할 수 있다고 했지. 만약 기러기가 혼자서 이동하거나 V자로 날아가더라도 서로 자리를 바꿔주지 않는다면 기러기들은 목적지까지 도달할 수 없을 거야.

여기서 우리는 협동이 무엇인지 알 수 있단다. 협동이 무엇이라고 생각하니? (자녀의 생각을 들어준 후) 협동은 단순히 힘을 합한다고 되는 것이 아니란다. 진정한 협동은 힘든 자리나 힘든 일을 서로가 맡으려고 할 때 일어나는 거란다. 기러기들이 그 힘든 앞자리를 교대로 맡는 것처럼 말이야.

〈가정에서의 협동〉 아빠(엄마)는 우리 가족이 하나님 보시기에 아름다운 가정이 되기를 바란단다. 그러려면 서로 협동하는 가족이 되어야 할 거야. 이것이 그리스도의 법을 성취하는 것이라고 하잖아.

그럼, 우리는 가족끼리 서로 어떻게 협동할 수 있을까? (아이들의 아이디어를 들어준 후 건설적인 이야기들이 나왔다면 칭찬해 주고, 그렇지 않다면 대답을 유도하는 구체적인 질문을 던지라. 예를 들어, "특히 엄마가 아프시면 어떻게 해야 할까?", "동생이 아프면 어떻게 해야 할까?", "집안에서 엄마아빠를 도울 수 있는 일은 무엇일까?" 등등)

5 단계: 기도

- 기러기를 통해 협동의 힘과 의미를 알게 하신 하나님께 감사드리고,
- 우리 가족이 서로 협동하여 그리스도의 법을 이루어드리게 해 달라고 기도하렴.

6월 둘째 주

목표: 듣기는 속히 하고, 말하기는 더디 하는 대화의 중요성을 깨닫게 한다.

귀로 듣고 먹이를 잡는 **올빼미**

– 듣기는 속히 하고, 말하기는 더디 하라

1 단계: 찬양 아이들과 함께 즐거운 찬양하기!

2 단계: 흥미유발 이야기

올빼미와 부엉이는 뭐가 다를까? 올빼미는 뭐고, 부엉이는 뭘까? (아이들의 대답을 들어준 후) 사실 올빼미나 부엉이나 영어로는 똑같이 'Owl'이라고 표현한단

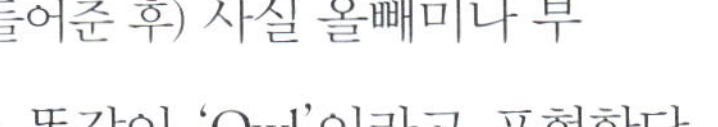

다. 그러니까 그 둘은 사실 같은 말이라고 할 수 있지. 그러나 우리나라에서는 그 둘을 이렇게 구분한단다. (그림을 보여주며) 이렇게 머리 위에 귀처럼 생긴 것이 있으면 부엉이이고, 이것이 없으면 올빼미라고 하지. 그럼, 이 귀처럼 생긴 것은 무엇일까? 정말 귀일까? (아이들의 대답을 들어준 후) 귀가 아니란다. 이것은 단지 귀처럼 생긴 깃털뭉치란다. 진짜 귀는 양 옆에 작은 구멍으로 나 있는데, 보통 깃털에 가려 보이지 않지.

그런데 신기한 것은 양쪽 귓구멍의 높이가 서로 다르다는 거야(오른쪽 귓구멍이 왼쪽 귓구멍보다 더 낮은 위치에 있다). 이렇게 귓구멍의 높이가 다르면, 소리가 귀에 닿는 시간도 각각 다르게 되지. 아주 미미한 차이겠지만, 올빼미는 그 미미한 시간차를 이용해서 소리가 어디서 났는지 알아낼 수 있다고 하는구나. 그래서 캄캄한 밤에도 정확하게 먹이의 위치를 파악할 수 있는 거지.

또 신기한 것은 올빼미의 눈이란다. 올빼미의 눈은 고정되어 있어서 사람

처럼 눈동자를 좌우로 돌릴 수가 없어. 그러면 옆을 쳐다볼 일이 있으면 어떻게 할까? 올빼미는 목을 270도까지 돌릴 수 있어서 좌우 옆과 뒤를 머리를 돌려서 볼 수 있단다. 그리고 시력도 아주 좋아서 어두운 곳에서도 정확하게 사물을 볼 수 있지.

신기한 것은 이것들만이 아니란다. 올빼미가 날 때는 소리가 나지 않지. 그것은 깃털의 가장자리에 작은 깃털들이 또 나와 있기 때문이지. 이 섬세한 깃털들이 올빼미가 날 때 소리를 내지 않게 해준단다.

- 박사 모자를 쓴 올빼미 캐릭터(그림)를 본 적이 있니? 그 이유는 무엇일까? (예로부터 서양에서는 올빼미를 지혜의 상징으로 여겨 왔다. 그 이유는 로마신화에 나오는 이야기 때문인데, 지혜의 여신이라 불리는 미네르바가 항상 올빼미와 함께 다녔기 때문에 지혜의 동물로 여겨지게 된 것이다.)
- 그러나 오늘 올빼미를 통해서 배울 수 있는 '진짜 지혜'가 있단다. 그것은 무엇일까? (아이들의 대답을 들어준 후, 오늘의 교훈을 따라하게 한다. – "듣기는 속히 하고 말하기는 더디 하라.")

3 단계: 성경 읽기 약 1:19(주제: 잘 들어주고, 말할 때는 잘 생각하고 말하라)

4 단계: 대화

〈요절 설명〉 오늘 말씀은 다른 사람과 대화할 때 어떻게 해야 하는지를 말해주고 있단다. 먼저 듣기를 속히 하라는 것은 다른 사람의 얘기를 들을 때 적극적으로 잘 들어주라는 말이고, 말하기를 더디 하라는 것은 함부로 쉽게 말을 내뱉지 말라는 거란다. 그리고 화도 함부로 내지 말고 말이야.

〈들을 때는 정성껏〉 비록 올빼미가 지혜의 상징이 된 것은 로마신화 때문이었지만, 우리가 올빼미를 통해 배울 수 있는 교훈이 있단다. 그것은 먼저 '남의 얘기를 잘 들어주라'는 거야. 올빼미가 먹이를 찾기 위해 하는 것은 단지 나뭇가지 위에 앉아서 주변의 소리에 귀를 기울이는 것 뿐이란다. 아무것도 보이지 않는 캄캄한 밤이지만 올빼미는 오직 귀를 기울여 잘 들음으로 먹이가 어디에 있는지 알아낼 수가 있어. 지혜로운 사람도 마찬가지란다. 지혜로운 사람은 잘 들어주는 사람이란다. 남이 얘기할 때 건성으로 들으면 상대방의 기분이 어떨까? 학교에서 선생님의 수업을 건성으로 들으면 어떻게 될까? (인간관계나 학습을 위해서 잘 듣는 것이 중요하다.)

〈말할 때는 조심히〉 만약 올빼미가 사냥할 때 큰 소리로 울거나 날개 소리가 시끄러우면 어떻게 될까? (먹잇감이 도망가 버린다.) 그래서 올빼미는 먹이를 사냥할 때 소리를 내지 않는단다. 물론 종종 울기도 하지만, 먹이를 사냥할 때에는 잠잠히 귀를 기울이고 큰 두 눈으로 어둠 사이를 살펴볼 뿐이지. 그러다가 먹이를 발견하면 소리 없이 날아가서 먹이를 낚아채는 거야.

지혜로운 사람도 마찬가지란다. 지혜로운 사람은 말을 함부로 하지 않지. 자칫 생각 없이 내뱉었다가 상대방의 기분을 상하게 할 수도 있고, 없는 말을 지어서 거짓말을 하게 될 수도 있거든. 말은 한 번 내뱉으면 다시 주워 담을 수 없기 때문에 항상 조심해야 한단다(자녀가 청소년 연령이라면 한국사회에서 막말로 인해 문제가 되었던 인물들의 예를 들어주는 것도 좋을 것이다).

5 단계: 기도

- 올빼미를 통해 삶의 지혜를 얻게 하신 하나님께 감사드리고,
- 듣기는 속히 하고 말하기는 더디 하는 사람이 되게 해 달라고 기도하렴.

6월 셋째 주

목표: 상대방을 이해하고 그에 맞게 대하도록 한다.

몸의 색깔을 바꾸는 카멜레온

– 상대방에 맞게 대하라

1 단계: 찬양 아이들과 함께 즐거운 찬양하기!

2 단계: 흥미유발 이야기

오늘은 몸의 색깔을 바꿀 수 있는 카멜레온에 대해 살펴보기로 하자꾸나. 카멜레온은 전 세계에 걸쳐 160여종이 있지만, 절반 이상이 한 곳에서만 서식하고 있지. 그곳이 바로 동물들의 천국인 마다가스카르(아프리카 동쪽의 큰 섬)란다. 크기도 아주 다양해서 아주 작은 것은 길이가 3센티미터 되는 것도 있고, 큰 것은 약 70센티미터 되는 것도 있단다. 눈은 360도 회전이 가능하고, 두 눈으로 동시에 서로 다른 곳을 볼 수 있기도 하지. 나무 잎사귀나 열매와 같은 식물도 먹지만, 곤충, 지렁이, 달팽이 같은 작은 동물도 잡아먹는단다.

카멜레온의 특이한 점은 뭐니 뭐니 해도 몸의 색깔을 바꿀 수 있다는 거겠지. 초록색이었던 몸이 노랑, 파랑, 빨강, 검정, 주황 등 다양한 색으로 바뀔 수 있단다. 그런데 카멜레온은 왜 색깔을 바꾸는 걸까? (아이들 대답을 들어주고) 많은 사람들은 주변의 색깔에 맞추기 위해서 자신의 색을 바꾸는 거라고 믿고 있지. 그러나 그것은 사실이 아니라고 하는구나.

카멜레온이 색을 바꾸는 것은 주변의 색깔과는 관련이 없단다. 과학자들이 밝혀낸 바에 의하면, 카멜레온은 빛이나 온도에 반응해서 색깔을 바꾸기도 하고, 혹은 기분에 따라 색깔을 바꾸는 거라고 한단다. 그러나 가장 최근에 밝혀진 바에 의하면, 카멜레온이 색깔을 바꾸는 또 다른 이유가 있는데, 그것은 다른 카멜레온들과 커뮤니케이션(대화, 교신)하기 위해서라는 거야.

- 최근 밝혀진 이 사실에 근거해서 상상해 보자. 만약 카멜레온 학교에서 한 카멜레온이 자신의 색깔을 바꾸지 않는다면 어떻게 될까? (친구를 사귈 수 없게 된다.) 반대로 가장 인기 있는 카멜레온은 어떤 카멜레온일까? (친구들에 따라 색깔을 바꿀 줄 아는 카멜레온)
- 오늘의 교훈은 무엇일까? (아이들의 대답을 들어준 후, 오늘의 교훈을 따라하게 한다. – "상대방에 맞게 대하라.")

3 단계: 성경 읽기 고전 9:22(주제: 그 사람을 얻기 위해 그 사람과 같이 되라)

4 단계: 대화

〈요절 설명〉 오늘 말씀은 사도 바울이 고린도 교회 성도들에게 전도에 대해서 한 말씀이란다. 바울은 한 영혼이라도 더 얻기 위해 그 사람처럼 되는 것을 마다하지 않았지. 약한 사람을 만나면 약한 자와 같이 되었고, 유대인을 만나면 유대인과 같이 되었고, 이방인을 만나면 이방인과 같이 되었단다. 그 이유는 그 사람들의 호감을 사서 몇 명이라도 예수님을 알게 하기 위해서였단다.

〈사람을 얻으려면〉 카멜레온은 다른 카멜레온과 대화하기 위해 자신의 색깔을 바꾼다고 했지. 바울 사도 또한 다른 사람들과 대화하기 위해 자신을 바꾸는 방법을 사용했단다. 유대인과 대화하기 위해서 유대인과 같이 되었고,

이방인과 대화하기 위해서 이방인과 같이 되었지. 이렇게 사람을 얻기 위해서는 상대방의 상황에 따라 자신을 바꿀 줄 알아야 한단다(내성적인 친구에게 어떻게 대해야 할지 토론해 보자).

〈오해하지 말 것들〉 그러나 오해하지 말아야 할 것들이 두 가지 있단다.

첫째, 자신을 바꾸라는 말은 상대방의 상황을 잘 이해하고 거기에 잘 맞추어주라는 말이지, 전혀 다른 사람처럼 행동하라는 말이 아니란다. 본래의 내가 아닌 사람처럼 행동하는 것만큼 우스꽝스러운 일도 없을 거야.

바울이 여기서 '여러 사람에게 여러 모습이 되었다'고 말한 것은 그런 사람들에게 잘 맞추어줬다는 얘기란다. 만약 바울이 까다롭게 굴었다면 어땠을까? (사람을 얻지 못했을 것이다; 전도를 못했을 것이다.)

두 번째는, 상대방과 같이 되라는 말은 악한 행위를 따라 해도 된다는 말이 아니란다. 만약 악한 행위를 하는 친구가 있다면 그것을 따라하는 것만큼 어리석은 일도 없겠지. 성경은 악은 어떤 모양이라도 버리라고 했단다(살전 5:22). 바울은 여기서 약한 자들에게 약한 자처럼 되었다고 했지, 악한 자들에게 악한 자처럼 되었다고 하지 않았다는 것을 명심하렴. 바울의 관심은 항상 강한 자가 아니라, 약한 자들에게 있었단다.

5 단계: 기도

- 바울과 같이 상대방을 이해하고 그에 맞게 대하도록 지혜를 달라고 기도하고,
- 앞으로 인간관계를 더욱 잘 해서 전도도 잘 할 수 있게 해달라고 기도하렴.

6월 넷째 주

목표: 상처 주는 말이 아니라, 격려하는 말을 사용하게 한다.

농작물에 피해를 주는 두더지

– 남의 잘못을 파헤치지 말라

1 단계: 찬양 아이들과 함께 즐거운 찬양하기!

2 단계: 흥미유발 이야기

땅 파기가 특기인 동물이 있지? 무엇일까? 그래, 두더지지. 두더지는 주로 땅 속에서 굴을 파고 살아가는데, 두더지가 땅을 파는 두 가지 이유가 있단다. 한 가지는 이동을 하기 위해서이고, 또 한 가지는 먹이를 찾아다니기 위해서야. 물론 굴 속에서 잠을 자기도 하고 먹을 것을 저장해 두기도 하지. 두더지는 주로 땅 속에 있는 지렁이나 달팽이, 그리고 개구리 같은 것들을 먹고 산단다.

그런데 두더지가 1분 동안 굴을 얼마나 빨리 팔 수 있는지 아니? 1분 동안 18미터나 팔 수 있다고 하는구나. 특별하게 발달된 앞발로 수영하듯 신속하게 휘저으면 순식간에 굴을 파고 다른 곳으로 이동할 수가 있는 거야.

두더지의 눈은 아주 작단다. 털에 가려서 보일듯 말듯 하지. 그래서인지 시각은 많이 발달하지 못했고, 주로 후각과 청각으로 움직임을 인식하고 먹이를 잡는다고 한단다.

그런데 농사 짓는 농부들에게 두더지는 아주 좋지 않은 동물이란다. 왜 그럴까? (아이들 대답을 들어준 후) 두더지가 먹이를 찾아 이리저리 굴을 파고 다니다 보면, 농작물의 뿌리 주변에도 굴을 파고 다니게 되지. 그러면 뿌리에 상처가 생기기도 하고, 수분을 못 빨아들여서 좋은 열매를 맺지 못하게 되지. 특히 농약을 쓰지 않는 유기농 재배지에서는 땅 속에 지렁이가 많기 때문에 두더지가 더 많이 나타나서 농사를 다 망쳐놓는다고 하는구나.

- 누군가가 나의 잘못을 파헤치고 다닌다면 기분이 어떨까? (좋지 않다; 기분 나쁘다.)
- 오늘의 교훈을 생각해 보자. 무엇일까? (아이들의 대답을 들어준 후, 오늘의 교훈을 따라하게 한다. – "남의 잘못을 파헤치지 말라.")

3 단계: 성경 읽기 　잠 15:4(주제: 말로 상처주지 말라)

4 단계: 대화

〈요절 설명〉 오늘 말씀은 말의 올바른 사용법에 대해서 가르쳐주고 있단다. 온순한 말, 지혜 있는 말, 유순한 말은 사람의 마음을 살리지만, 과격한 말, 미련한 말, 가시돋힌 말은 사람의 마음을 상하게 한다는 말씀이지.

가끔 보면, 말로 다른 사람의 마음을 아프게 하는 사람들이 있지. 우리 예수님 믿는 사람들은 그래선 안 된다는 거야. 되도록 부드럽고 따뜻한 말을 써서 다른 사람의 마음을 좋게 하는 것이 하나님이 원하시는 삶이란다.

〈잘못을 파헤치지 말라〉 너희는 다른 사람의 잘못을 파헤치며 다니는 사람들을 본 적이 있니? 그런 사람을 보면 기분이 어떠니? (대답을 들어준 후) 물론 오늘의 주인공인 두더지는 땅을 파는 습성을 가지고 있긴 하지만, 어쨌든 그 파는 습성으로 인해 농부들에게 큰 피해를 주지. 정성껏 가꾼 농작물을 쓸모없게 만드니까 말이야. 아마 이것은 분명히 농부들의 마음을 아프게 할 거야.

마찬가지로, 우리가 다른 사람의 잘못을 계속 파헤치려고 한다면, 그 사람은 마음이 많이 아프게 될 거야. 하나님이 원하시는 것은 오히려 잘못을 감싸주고 상처를 어루만져주는 것이란다(자녀가 청소년이라면 학급과 교회에서 뿐 아니라 인터넷상에서도 남을 비방하지 않도록 그 적용범위를 넓혀주라).

〈말로 상처주지 말라〉 우리가 남에게 상처를 주는 가장 큰 요인은 대부분 말을 잘못해서란다. 말로 다른 사람의 잘못한 것을 다시 끄집어내거나 실수를 재차 지적하면, 상대방은 마음속에 더 큰 상처를 받게 된단다.

또 다른 사람의 잘못을 퍼뜨리는 경우도 있지. 이런 경우는 정말 이러 저리 휘젓고 다니면서 밭을 엉망으로 만들어 놓는 두더지 같은 인간이라고 밖에 말할 수 없겠구나(잘못되고 과장된 소문으로 인해 학급에서 왕따를 당하는 경우도 있다). 하나님은 우리가 말로 남에게 상처를 주는 것을 원치 않으신단다. 가능하면 오늘 말씀과 같이 따뜻한 말로 남을 격려하고 세워주는 사람이 되기를 바라시지.

5 단계: 기도

- 두더지 같이 남의 잘못을 파헤치는 사람이 아니라,
- 좋은 말로 남의 잘못을 감싸주고 격려해주는 사람이 되게 해달라고 기도하렴.

승리의 삶

- 용모를 단정하게 하는 수달 – 용모를 단정하게 하라
- 목표한 사냥감만을 잡는 치타 – 목표를 세우고 집중하라
- 세계 최고의 사냥꾼 물총고기 – 최선을 다해 연습하라
- 전투를 준비하는 말코손바닥 사슴 – 시간을 아껴 준비하라라

7월 첫째 주

목표: 용모단정도 지혜의 한 부분임을 알고, 건강한 용모를 추구하게 한다.

용모를 단정하게 하는 수달

– 용모를 단정하게 하라

1 단계: 찬양 아이들과 함께 즐거운 찬양하기!

2 단계: 흥미유발 이야기

강가나 얕은 바닷가에 사는 아주 귀여운 동물이 있단다. 수영을 아주 잘 하고 특히 배영을 잘 해서 먹이를 먹을 때 물 위에 누워서 먹기도 하고, 새끼를 배 위에 올려놓고 강을 건너기도 하지. 이 동물의 이름은 무엇일까? (대답을 들어준 후) 그래, 수달이란다.

수달은 아주 끈질긴 동물이야. 물 속에 있는 물고기를 잡기 위해 물 속에 들어갔다 나왔다를 수도 없이 반복하지. 또 똑똑하기도 해서, 조개의 딱딱한 껍질을 깨기 위해 작은 돌멩이를 사용하기도 한단다.

그런데 수달이 낮 동안에 가장 많은 시간을 쓰는 것이 있단다. 수달은 무엇을 하는데 많은 시간을 쓸까? (대답을 들어준 후)

다름 아니라, 몸을 손질하는 데 많은 시간을 쓴단다. 수달은 날씬해서 수영을 잘 하지만, 대신 지방층이 얇아서 차가운 물 속에 들어갔다 나오면 몸이 아주 차가워지지. 그래서 몸의 체온을 따뜻하게 유지해야 하는데, 수달의 털이 그 역할을 해주거든. 그런데 물 속에 들어갔다가 나오면 털이 젖게 되잖아. 그래서 틈만 나면 수달은 발과 발톱을 이용해서 털을 말리고 부풀리는 거란다. 때때로 털을 말리기 위해 입으로 호호 불기도 한다는구나.

- 수달은 종종 발로 물을 빠르게 튀겨서 거품을 만든다고 하는데, 왜 그럴까? (털을 손질하기 위해)
- 오늘의 교훈은 무엇일까? (이 이야기와 상관없는 것 같지만, 일단 한 번 따라해 보자. – "용모를 단정히 하자.")

3 단계: 성경 읽기 전 9:8(주제: 항상 용모를 단정히 하라)

4 단계: 대화

〈요절 설명〉 오늘 말씀은 솔로몬 왕이 후손들에게 전한 지혜의 말씀 중 하나란다. 바로 용모단정에 관한 말씀이지. 이 말씀에서 '의복을 항상 희게 하라'는 말은 '옷을 더럽히지 말고 깨끗이 입어라'는 뜻이고, '머리에 향 기름을 그치지 아니하도록 하라'는 말은 '머리를 단정하게 손질하라'는 뜻이란다.

〈용모단정의 중요성〉 오늘 수달 이야기에서 수달이 몸을 손질하는 이유는 체온을 유지하기 위해서였지만, 그래도 수달이 부지런히 몸을 손질하는 모습은 우리로 하여금 용모를 단정히 해야겠다는 생각을 갖게 한단다.

용모는 얼굴 생김새를 말하는 것이 아니란다. 머리를 잘 다듬은 것과 얼굴의 미소, 그리고 옷 입은 것 등을 다 포함해서 용모라고 하지. 용모는 마음의 창이라는 말이 있단다. 건강한 마음을 가진 사람은 용모가 늘 단정하지. 그래서 옛날에 우리나라에서도 관리를 뽑을 때, '댑시'(맵씨)라고 해서 용모를 아주 중요하게 보았단다(참고로, 옛날 관리 등용의 기준이었던 '신언서판'은 각각 용모, 언변, 문장력, 판단력을 가리킨다).

〈멋 부리는 것은 용모단정이 아니다〉 그런데 이런 것들은 용모단정과 상관이 없단다.

① 새 옷만을 고집하는 것. 새 옷은 멋있어 보이고 예뻐 보이지. 그러나 꼭 새 옷을 입어야 멋있고 예뻐 보이는 건 아니란다. 오래된 옷이라도 깨끗하고 단정하게 입으면 그것이 멋있는 거란다.

② 유행을 따르는 것. 유행을 따르면 좀 멋있어 보이기도 하겠지. 그러나 유행은 용모단정과 전혀 상관이 없단다. 예를 들어, 머리에 심한 염색을 한다거나 특이한 옷을 입고 다니는 아이들을 보았을 거야. 그 아이들은 나름 멋있게 보인다고 그렇게 하는 거지만, 그것은 자신의 용모뿐 아니라 자신의 가치를 깎아내리는 거란다(청소년 자녀에게). 어떤 아이들은 멋있어 보인다고 몸에 문신을 하지. 그러나 그것은 자신의 용모와 가치에 더욱 해가 될 뿐이란다.

5 단계: 기도

- 의미 없는 멋과 외모를 추구하지 않게 하시고,
- 건강한 용모를 추구하게 해달라고 기도하렴.

7월 둘째 주

목표: 목표를 세우고 그것에 집중하는 것의 중요성을 알게 한다.

목표한 사냥감만을 잡는 **치타**

– 목표를 세우고 집중하라

1 단계: 찬양 아이들과 함께 즐거운 찬양하기!

2 단계: 흥미유발 이야기

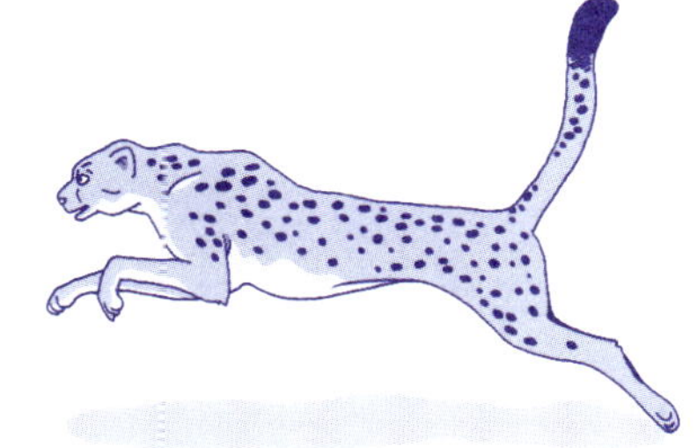

오늘의 동물이 무엇인지 한번 맞춰볼까? 이 동물의 이름은 '몸에 점이 있다'는 말에서 유래했단다. 육식동물이고 주로 아침과 이른 저녁에 먹이를 사냥하지(참고로, 사자나 호랑이는 주로 밤에 사냥을 한다). 결정적인 힌트로는 땅 위에서 가장 빠른 동물이란다. 무엇일까? (치타) 그래, 치타란다.

치타가 얼마나 빠르냐면, 단지 3초 만에 시속 110킬로미터(km/h)의 속도를 낼 수 있다고 한단다. 110킬로미터면 고속도로 제한속도와 거의 맞먹는 속도란다. 거기다 그 속도로 약 300미터를 쉬지 않고 달릴 수 있다는 거야. 치타는 몸집에 비해 머리가 작고, 다리가 길지. 그리고 등뼈가 유연하고, 호흡기관이 산소를 대량으로 흡입하기 좋은 구조로 되어 있다고 한단다.

또 치타만이 가지고 있는 특이한 점은 얼굴에 두 개의 검은 줄이 나 있다는 거야. 이 검은 줄은 두 눈의 안쪽에서 입의 가장자리로 길게 나 있지. 이 검은 줄의 기능은 무엇일까? (대답을 들어준 후) 이 검은 줄은 햇빛의 눈부심을 줄여주는 역할을 한단다(야구선수들이 아이패치를 눈 밑에 붙이는 이유와 같다). 어쨌든 이런 독특한 신체적 특징들 때문에 치타가 빠르게 달릴 수 있는 거란다.

그런데 치타의 빠른 속도보다 더 놀라운 사실이 있단다. 그것은 치타가 사냥하는 방법인데, 치타는 주로 무리로 다니는 동물들을 멀리서 유심히 지켜보고 있다가 그 중에서 적당한 사냥감 하나를 결정하지. 그리고 그 먹이를 끝까지 쫓아가는데, 놀라운 것은 쫓아가면서 옆에 다른 먹잇감들이 있어도 그냥 지나쳐가고 오로지 처음 목표했던 것만을 쫓아간다는 거야. 그리곤 결국 사냥에 성공하고 말지.

- 치타는 아주 오랜 옛날 왕들의 애완동물로 사랑받았었지. 왜 그랬을까? (치타는 사냥감을 끝까지 쫓아가 잡는 성향을 가지고 있다. 치타는 최고의 사냥 파트너였다.)
- 오늘의 교훈은 무엇일까? (아이들의 대답을 들어준 후, 오늘의 교훈을 따라하게 한다. – "끝까지 목표에 집중하라.")

3 단계: 성경 읽기 고전 9:26(주제: 목표를 가지고 그것에 집중하라)

4 단계: 대화

〈요절 설명〉 오늘 요절 말씀은 바울 사도가 (고린도 교회의 성도들에게) 자신이 어떻게 살아왔는지를 두 가지 운동경기를 통해 말해주고 있단다. 이 말씀에서 바울이 빗대어 말하는 두 가지 운동경기는 무엇일까? (달리기와 권투) 바울은 복음을 전할 때에든지, 무슨 일을 하든지 그냥 아무 생각 없이 하지 않았단다. 육상 선수와 같이 분명한 목표를 가졌었고, 권투 선수가 상대방에게 집중하듯 그 목표에 집중했단다. 무슨 일을 하든지 목표를 세우고 그것에 집중해야 목표를 이룰 수 있는 거란다.

〈목표를 가지라〉 만약 달리기 선수들에게 분명한 목표점이 없이 달리라고 한다면 어떻게 반응할까? (황당해 할 것이다; 달리지 않을 것이다) 그럼, 양궁 선수들에게 과녁 없이 화살을 쏘라고 하면 어떤 반응을 보일까? (황당해 할 것이다; 어디에다 쏘냐고 반문할 것이다)

그럼, 목표 없이 사는 인생은 어떨까? 깊이 생각해 보지 않았을 수도 있겠지만, 이런 운동선수들의 반응에 빗대어 생각해보면, 목표 없이 사는 인생이 어떨지를 금방 알 수 있지. 한마디로, 황당한 인생이 되는 거란다. 목표는 우리가 어디까지 가면 되는지, 그리고 어디로 가면 되는지를 가르쳐 주지. 바울도 이러한 분명한 목표를 가지고 자신의 사명을 감당해 나갔단다.

〈목표에 집중하라〉 그러면 만약 권투 선수가 시합 중에 관객을 쳐다보면서 하거나 자신의 멋진 운동화를 쳐다보면서 하면 어떻게 될까? (경기를 제대로 못할 것이다.) 그래, 상대방에게 제대로 된 펀치를 날리지 못하고, 도리어 딴 생각하다가 (혹은 딴 데 보다가) 상대 선수에게 큰 펀치를 얻어맞을 거야. 시합 중에는 상대 선수를 바라보면서 경기에 집중해야 이길 수 있는 거란다.

치타는 사냥할 때 오로지 그 목표물만 바라보고 쫓아가지. 쫓아가면서 다른 먹잇감들이 가까이에 있어도 그냥 지나치면서 말이야. 이것은 치타의 엄청난 집중력을 말해주고 있단다. 우리도 목표를 이루려면 그것에 집중해야 한단다. 주변의 다른 유혹거리에 눈을 돌리지 말고 말이야. 요즘에 너를 집중하지 못하게 유혹하는 것은 무엇이니?

5 단계: 기도

- 항상 의미 있는 목표를 세우고,
- 그것에 집중할 수 있는 힘을 달라고 기도하렴.

7월 셋째 주

목표: 원하는 것을 이루기 위해 열심히 연습하는 것의 중요성을 알게 한다.

세계 최고의 사냥꾼 물총고기

– 최선을 다해 연습하라

1 단계: 찬양 아이들과 함께 즐거운 찬양하기!

2 단계: 흥미유발 이야기

오랫동안 과학자들이 믿지 못했던 사실이 있었단다. (그림을 보여주며) 바로 물고기가 물총을 쏴서 먹이를 사냥할 수 있다는 사실이지. 신기하지 않니? 이 물고기의 이름은 물총고기라고 한단다. 물총고기는 열대지역 강가에 주로 서식을 하지. 수풀의 뿌리 근처에 숨어 있다가 풀잎에 곤충이나 거미 등을 발견하게 되면, 즉시 입으로 물을 쏴서 떨어뜨린단다.

그런데 이 물고기가 입으로 물총을 쏴서 곤충을 명중시키려면, 두 가지 문제를 극복해야 한다고 하는구나. 그것이 뭘까? (아이들의 대답을 들어준 후)

먼저는, 굴절된 시야를 극복해야 한단다. 무슨 말인가 하면(중학교 1학년 수준의 지식), 빛이 물을 통과할 때는 한 번 꺾이게 되어 있거든(이를 설명하기 위해 물을 담은 유리컵에 빨대를 넣어보라. 직선이던 빨대가 물 표면에서 꺾이는 현상이 나타난다). 이를 빛의 굴절이라고 하는데, 바로 이 굴절 현상 때문에 물 속에 있는 물총고기는 물 밖에 있는 먹이가 원래 위치보다 조금 앞에 있는 것으로 보이게 된단다.

또 하나 문제는 물의 세기란다. 아무리 물을 쏴 올려도 물의 세기가 약하면 멀리 갈 수도 없고, 명중했다 해도 먹이가 떨어지지 않을 거야. 그러니 물의 세기가 강해야 사냥에 성공할 수 있겠지.

그러나 물총고기는 거리가 약 4미터 정도까지 물총을 쏠 수 있고, 약 2미터 거리의 곤충은 정확하게 맞출 수 있다고 하는구나. 그 정도로 물의 세기도 강하고 정확하다는 거지. 만약 우리가 이 물고기의 물총에 맞게 되면, 바늘에 찔린 듯한 따가움을 느끼게 될 거야.

그럼, 물총고기가 어떻게 이런 문제들을 극복하고 성공적으로 먹이를 사냥할 수 있게 되었을까? 물론 입 안의 구조가 물을 쏘아올릴 수 있게 특수한 구조로 되어 있긴 하지. 그러나 빛의 굴절을 극복하면서 정확하게 먹이를 맞출 수 있는 능력은 저절로 생긴 것이 아니란다.

- 물총고기는 어떻게 먹이를 정확하게 맞추는 능력을 갖게 되었을까? (끊임없는 연습의 결과이다.)
- 오늘의 교훈은 무엇일까? (아이들의 대답을 듣고 격려해 준 후, 오늘의 교훈을 따라하게 한다. – "연습이 최고를 만든다.")

3 단계: 성경 읽기 삼상 17:49(주제: 물맷돌의 명수 다윗)

4 단계: 대화

〈요절 설명〉 오늘 말씀은 우리가 아주 잘 아는 내용이지. 어린 다윗이 거인 골리앗을 물맷돌로 쓰러뜨린 장면이지. 물맷돌을 돌려서 과녁을 맞추는 것은 결코 쉬운 일이 아니란다. 그런데도 다윗은 물맷돌을 골리앗의 이마에 정확하게 명중시켰지. 물론 하나님께서 도와주신 것도 있겠지만, 이런 일이 일어날 수 있었던 것은 무엇보다도 다윗이 평소에 물맷돌 던지는 연습을 열심히 해왔기 때문이란다. 다윗은 양을 지키며 때때로 사자와 늑대와 같은 짐승들과 싸워야 했지. 그래서 평소에 열심히 물맷돌 던지는 연습을 하지 않으면 안 되었단다.

〈어려우니까 연습하는 거다〉 어떤 분야에서 잘한다고 인정을 받으려면 하지 않으면 안 되는 것이 바로 연습이란다. 세계적인 피겨 스케이트 선수 김연아는 하루에 몇 시간 연습했을까? (12시간) 왜 그렇게 오랜 시간 연습해야 했을까? (아이들 대답을 들어준 후) 물론 기초 체력을 기르기 위해서도 많은 시간이 필요했겠지만, 무엇보다도 잘 안 되는 어려운 기술을 연마하기 위해 그렇게 많은 시간을 필요로 했을 거야. 어려운 것을 내 것으로 만들기 위해서는 꾸준하고 끈질긴 연습이 필요한 거란다. 물총고기가 물 밖의 먹이를 맞추는 것은 처음엔 쉬운 일이 아니었을 거야. 부단한 연습이 물총고기를 명사수로 만든 거란다(다윗도 마찬가지).

〈최선을 다해 연습하라〉 아무리 어려운 것이라도 연습하면 다 할 수 있는 거란다. 문제는 얼마나 열심히 연습 하느냐에 달려 있는 거지. 힘들다고, 잘 안 된다고 중간에 그만두면 원하는 것을 얻을 수 있을까? 물총고기는 빛의 굴절마저 극복했단다. 불가능을 가능으로 만든 거지(자녀가 지금 추구하고 있는 것과 연관시켜 최선을 다해 연습하면 불가능은 없다는 것을 가르쳐주라. 운동, 공부, 음악 등).

5 단계: 기도

- 물총고기를 통해 멋진 교훈을 얻게 하신 하나님께 감사드리고,
- 열심히 연습하여 OO(이)가 원하는 것을 이루게 해달라고 기도하렴.

7월 넷째 주

목표: 평소 시간을 아끼며 준비하는 삶의 중요성을 깨닫게 한다.

전투를 준비하는 말코손바닥 사슴

– 시간을 아껴 준비하라

1 단계: 찬양 아이들과 함께 즐거운 찬양하기!

2 단계: 흥미유발 이야기

미국 알래스카에는 (그림을 보여 주며) 이렇게 덩치가 큰 동물이 떼를 지어 살고 있단다. 이것의 이름은 영어로 무스(Moose)라고 하는데, 우리말로는 말코손바닥 사슴이라고 하지. 코는 말처럼 생겼고, 뿔은 손바닥처럼 생겼다고 해서 붙여진 이름이야. 오늘은 이 말코손바닥 사슴이 우리에게 주는 교훈에 대해 생각해 보기로 하자꾸나.

말코손바닥 사슴은 해마다 가을이 되면 힘센 수컷들이 무리의 우두머리가 되기 위해서 치열한 전투를 벌이지. 바로 커다란 뿔을 서로 맞대고 힘겨루기를 하는 거야. 자신의 뿔을 상대의 뿔에 걸어서 으드득 으드득 갈기도 하고 꺾기도 하면서 온 힘을 다해 상대를 밀어붙이지. 그러다가 어느 한쪽의 뿔이 부러지게 되면 그 전투는 끝나게 되는 거란다. 무스(말코손바닥 사슴)에게 있어서 뿔은 유일한 무기이기 때문에 뿔이 부러졌다는 것은 곧 싸움에서 졌다는 것을 의미하거든.

그런데 가을에 일어나는 전투에서 이길 수밖에 없는 무스의 특징이 있단다. 그것이 무엇일까? 그것은 바로 몸집도 제일 크고, 뿔도 제일 튼튼한 무스가 전투에서 항상 최후 승자가 된다는 거야.

- 무스가 가을의 전투에서 승리하기 위해 여름에 끊임없이 하는 것이 있단다. 그것이 무엇일까? (끊임없이 먹는다: 잘 먹은 무스는 몸집이 커지고 뿔이 커지지만, 적당히 먹거나 제대로 먹지 않은 무스는 뿔도 약하고 몸집도 크지 않다.)
- 오늘의 교훈은 무엇일까? (아이들의 대답을 들어준 후, 오늘의 교훈을 따라하게 한다. – "전투를 준비하라.")

3 단계: 성경 읽기 골 4:5(주제: 시간을 아껴 준비하라)

4 단계: 대화

〈요절 설명〉 오늘 말씀은 우리가 믿지 않는 사람들을 대할 때 어떻게 해야 하는지를 가르쳐주고 있단다. 곧 지혜롭게 시간을 아끼라는 거지. 시간을 아껴 전도하라는 것일 수도 있고, 시간을 아껴 헛된 논쟁을 하지 말라는 말씀일 수도 있겠구나. 그러나 분명한 것은 이것이란다. 우리 예수님 믿는 사람들은 시간을 헛되이 써서는 안 된다는 거야. 세월을 아껴서 항상 미래를 준비해야 한다는 거지.

〈세상에서의 전투: 실력 쌓기〉 말코손바닥 사슴이 그 결전에서 이기기 위해서는 여름 내내 열심히 풀을 뜯어먹어야 하지. 바꿔 말하면, 열심히 준비한 무스만이 전투에서 승리하게 된다는 거야.

마찬가지로, 우리도 살아가면서 승리하려면 평소에 열심히 준비해야 하는 거란다. 말코손바닥 사슴처럼 몸으로 싸우는 전투는 아니지만, 우리에게도 열심히 준비해야 좋은 결과를 얻을 수 있는 것들이 있지.

어떤 것들이 있을까? (시험, 운동 경기, 각종 경연 등) 이 모든 것들은 평소에 시간을 아끼면서 열심히 준비해야 좋은 결과를 얻을 수 있는 거란다.

〈세상과의 전투: 영성 쌓기〉 학교나 세상에서 이기기 위해서는 실력을 쌓아야 하지. 그러나 우리 믿는 사람들이 세상과의 전투에서 이기기 위해 쌓아야 할 것이 또 있단다. 그것이 무엇일까? (아이들의 대답을 들어준 후) 우리가 실력을 발휘하며 살아가야 하는 곳은 세상이지만, 온갖 악한 것으로 가득 찬 곳 또한 세상이란다. 세상에는 사람들을 잘못된 (악한) 길로 인도하는 것들로 가득 차 있거든. 그래서 자칫 잘못하면 사단의 유혹(엡 6:11)에 빠지기 쉽단다. 바로 이 싸움(영적 전투)에서 이기기 위해서 우리는 영성을 쌓아야 하지.

그럼, 영성을 쌓으려면 어떻게 해야 할까? (기도, 말씀 읽기, 암송, 묵상, 예배 등)

5 단계: 기도

- 평소 시간을 헛되이 썼다고 생각된다면 이 시간을 통해 뉘우치고,
- 세월을 아껴 잘 준비하여 어떤 전투에서든 승리할 수 있게 해달라고 기도하렴.

구별된 삶

- 빛을 비추는 반딧불이 – 세상에 빛을 비추라
- 지나치게 새 것을 좋아하는 케어 앵무새 – 유행을 좇지 말라
- 굴을 빨아먹는 고동 – 화를 내는 자와 사귀지 말라
- 새끼를 빼앗긴 암곰 – 미련한 자와 사귀지 말라
- 기도하는 것처럼 보이는 사마귀 – 거짓 복음을 좇지 말라

8월 첫째 주

목표: 하나님께서는 우리를 세상의 빛으로 부르셨다는 사실과 그러한 삶이 어떠한 삶인지를 알게 한다.

빛을 비추는 반딧불이

– 세상에 빛을 비추라

1 단계: 찬양 아이들과 함께 즐거운 찬양하기!

2 단계: 흥미유발 이야기

오늘 우리가 살펴볼 동물은 아주 신기한 곤충이란다. 몸 길이는 1~1.5센티미터 정도로 작은 편이고, 낮에는 그늘지고 서늘한 곳에 숨어 있다가 밤에 나와서 활발하게 활동을 하지. 개똥벌레라고도 불리는 이 곤충은 무엇일까? (대답을 들어준 후) '반딧불이'란다(참고로, 개똥벌레와 반딧불이는 같은 곤충을 일컫는 말이고, '반딧불'이란 말은 '반딧불이'에서 나오는 불빛을 가리킨다).

반딧불이는 배의 아랫부분에서 불빛이 나오는 아주 신기한 곤충이지. 과학자들은 반딧불이가 어떻게 불빛을 만들어내는지 오랫동안 연구해 왔단다. 반딧불이의 배에는 아주 특이한 세포와 물질들이 있는데, 이것들이 산소와 결합(화학반응)하면 빛을 발산하게 된다는구나. 반딧불이는 일정한 주기로 불빛을 깜빡거리며 서로 신호를 주고 받지. 옛날 가난한 선비들은 밤에도 공부를 하기 위해 반딧불이를 많이 잡아다가 그 불빛을 이용해서 책을 읽기도 했단다(더 알아보고 싶다면, 사자성어 '형설지공'을 찾아보라).

그런데 반딧불이의 불빛에는 아주 놀라운 사실이 숨어 있단다. 바로 열기 없는 빛이 발산된다는 거야. 켜져 있는 전구를 손으로 만져본 적이 있니? 아빠는 전구를 갈 때 항상 전기를 꺼놓고 한참을 기다렸다가 전구를 갈지. 왜 일까? 그래, 뜨겁기 때문이지. 세상의 모든 빛은 그 빛과 함께 뜨거운 열기를 발산한단다. 전구의 경우에는 에너지의 90%가 열기로 낭비되고 있고, 나머지 약 10%만이 빛으로 사용된다고 하는구나. 태양을 생각하면 더 쉽겠구나. 태양은 빛을 발산하지만, 동시에 아주 뜨겁지. 빛을 내는 물체는 뜨거운 열기를 내게 되어 있다는 말이야. 그런데 신기하게도 반딧불이는 빛을 낼 때 몸에 열이 생기지 않는다는 거지.

- 만약 반딧불이가 빛을 내는 만큼 몸에서 열이 나게 된다면, 반딧불이는 어떻게 될까? (스스로 불에 타 죽게 될 것이다.)
- 오늘의 교훈은 무엇일까? (아이들의 대답을 들어준 후, 오늘의 교훈을 따라하게 한다. – "우리는 세상의 빛, 빛을 비추어라.")

3 단계: 성경 읽기 마 5:16(주제: 너희의 빛을 사람에게 비추어라)

4 단계: 대화

〈요절 설명〉 오늘 말씀은 예수님께서 따르던 무리에게 하신 말씀이란다. 예수님을 믿는 사람은 세상에서 바르게 살아야 한다는 거지. 어두운 곳을 밝히는 빛처럼 말이야. 우리가 착한 행실을 하면 세상에서 빛으로 살게 되는 거란다. 그리고 우리의 모습을 통해 하나님께서 영광을 받으시고 믿는 사람들이 날로 늘어나게 되는 거란다.

〈빛처럼 살아라〉 옛날부터 반딧불이는 그 불빛 때문에 요긴하게 쓰여 왔단다. 옛날에 반딧불이는 책 읽을 때 외에 또 어느 때 사용됐을까? (밤길을 지날 때 등불로 사용) 어둠을 밝히기 위해서는 반드시 빛이 있어야 하지. 하나님께서는 우리가 빛의 자녀로 이 세상을 살아가기를 원하신단다. 어둠을 밝히는 빛처럼 말이야. 그럼, 빛처럼 사는 것은 어떻게 사는 것일까? (대답을 들어주고, 다양한 상황과 예를 들어주라. 예를 들면, 착한 일하기, 교실에서 솔선수범하기, 친구 도와주기, 친구들과 남을 헐뜯지 않기, 양로원 방문하여 돕기 등등.)

〈빛의 삶으로 만족하라〉 그런데 세상에서 착한 행실을 하며 사는 것은 쉽지 않은 일이지. 착한 행실을 하며 사는데 가장 큰 장애물은 무엇일까? (대답을 들어준 후) 가장 큰 장애물은 바로 우리 마음속에 있단다. 착한 일을 하다 보면, 이런 생각들이 들 때가 있지. '왜 나만 착한 일을 해야 하지?', '내가 이런다고 뭐 세상이 달라지나?' 마음속에 이런 생각이 들면서 화가 나기도 하지. 나만 손해 보는 것 같기도 해서 열 받기도 하고 말이야.

그러나 반딧불이는 여기서 우리에게 좋은 교훈을 준단다. 반딧불이는 빛을 내면서도 열을 내지는 않는다는 거야. 하나님 또한 우리가 이런 삶을 살길 원하신단다. 빛을 내면서 속으로 열 받지 않는 그런 삶 말이야. 우리는 온전히 빛을 발하며 그것으로 만족할 줄 알아야 한단다.

5 단계: 기도

- 항상 착한 일에 힘쓰게 하시고,
- 단지 빛을 비추는 것으로 만족하며 살게 해달라고 기도하렴.

8월 둘째 주

목표: 유행이 아니라 진리를 좇는 삶을 살게 한다.

지나치게 새 것을 좋아하는 **케어 앵무새**

– 유행을 좇지 말라

1 단계: 찬양 아이들과 함께 즐거운 찬양하기!

2 단계: 흥미유발 이야기

케어(Kea)라는 새의 이름을 들어봤니? (그림을 보여주며) 케어는 앵무새의 일종인데, 특이한 점이 아주 많은 새란다. 우선, 이 새는 뉴질랜드에서만 서식하는데 숲속이 아니라 가파른 산기슭에 둥지를 틀고 살아간단다. 먹이로는 주로 식물의 뿌리, 꽃, 열매 등을 먹지만 각종 곤충, 도마뱀을 잡아먹기도 하고, 심지어 죽은 동물에게 접근해서 그 살점을 뜯어먹기도 한단다. 부리가 워낙 길고 뾰족해서 동물의 피부를 쉽게 뚫을 수도 있지. 과학자들은 케어 앵무새가 세상에서 가장 영리한 새들 중에 하나라고 말하고 있단다.

그런데 케어 앵무새는 현재 멸종 위기에 있단다. 그래서 뉴질랜드 정부가 이 새를 보호하기 위해 일찌감치 법으로 사냥을 금지했지. 그럼에도 케어 앵무새는 그 수가 계속 줄어들고 있는 실정이란다.

그 이유가 무엇인지 아니? (대답을 들어주고) 그것은 바로 케어 앵무새가 새로운 것을 너무 좋아하기 때문이란다. 케어 앵무새는 처음 본 것, 새로운 것이 있으면 그것을 꼭 터치해보거나 그것을 가지고 놀아봐야 직성이 풀리는 습성을 가지고 있단다. 결국 그러한 새로운 것들을 가지고 놀다가 잘못되어서 죽게 된다는 거야. 최근 케어 앵무새들이 죽은 이유들을 보면, 다음과 같단다. 납중독, 감전, 타이어에 깔림, 쓰레기통 안에서 질식, 다른 짐승을 잡기 위한 덫에 걸림 등등.

- 케어 앵무새들이 죽는 다양한 이유들 중에서 납중독이 있지. 이 새들은 어떻게 해서 납중독에 걸리는 것일까? (마을에 내려와 지붕 같은 곳에 앉아서 납으로 된 못이나 경첩 등을 씹어 먹는다. 납이 케어 앵무새에게 단맛이 난다고 한다.)
- 오늘의 교훈은 무엇일까? (아이들의 대답을 듣고 격려해 준 후, 오늘의 교훈을 따라하게 한다. – "유행을 좇지 말라.")

3 단계: 성경 읽기 고전 7:13(주제: 유행은 지나간다)

4 단계: 대화

〈요절 설명〉 오늘 말씀은 바울 사도가 고린도 교회의 교인들에게 당부하는 말씀이란다. 요점은 이것이지. 세상 것에 집착하며 살지 말라는 거야. 어떤 사람은 좋은 물건을 집안에 들여놓고 그것이 세상 끝날까지 영원할 것이라고 착각하는 사람이 있어. 그것은 삶의 바른 자세가 아니란다.

우리는 세상 물건을 사용할 수는 있지만, 그것이 없으면 못살 것같이 과도히 집착해서는 안 된단다. 왜냐하면 세상의 물건들은 다 사라져버리는 헛된 것들이기 때문이지.

〈유행의 특성〉 인간의 역사와 함께 해온 것이 있다면 아마 유행일 거야. 유행이라는 것이 없던 시대는 없었단다. 조선시대에는 조선시대 나름대로 남자들과 여자들 사이에서 유행하는 것들이 있었을 것이고, 70년대에는 70년대 나름대로, 90년대에는 90년대 나름대로, 또 오늘날에는 오늘날 나름대로 유행하는 것들이 있지(부모가 젊었을 때 유행하던 것들을 얘기해 주라). 너희들 사이에서 유행하는 것이 있다면, 무엇이니? 유행의 특성은 한때에는 새로워 보이고 중요하게 여겨지지만, 시간이 지나면 시시해지고 한물 간 것처럼 여겨진다는 거란다. 결국 유행이란 영원하지 않다는 거야. 지나고 나면 쓸모없는 것처럼 되어 버리고 말지.

〈유행의 종류〉 오늘 말씀에서 '이 세상의 외형'은 지나간다고 했지. 다른 성경(현대인의 성경, KJV)에는 '이 세상의 유행'(fashion)이라고 나와 있단다. 유행에는 눈에 보이는 유행이 있고, 눈에 보이지 않는 유행이 있단다.

먼저, 눈에 보이는 유행에는 어떤 것들이 있을까? (옷, 헤어스타일, 신발, 가방 등등) 그럼, 눈에 보이지 않는 유행에는 어떤 것들이 있을까? (진리를 대적하는 사고방식들: 다른 종교에도 구원이 있다고 말하는 다원주의와 절대적 윤리나 진리는 없다고 말하는 상대주의가 청소년과 대학생들 사이에서 유행처럼 번지고 있음을 인식하고 자녀의 연령에 맞게 예를 들어 설명해 주라.)

크리스천들이 그런 유행들을 좇는다면 결국 케어 앵무새들처럼 멸종 위기에 처하게 될지도 몰라.

5 단계: 기도

- 혹시 유행을 좇으면서 살고 있지는 않은지 자신을 돌아보고,
- 잘못된 사고방식에 물들지 않고 진리의 말씀을 붙들고 살게 해달라고 기도하렴.

목표: 화를 잘 내는 친구와 사귀지 않도록 한다.

굴을 빨아먹는 고동

– 화를 내는 자와 사귀지 말라

1 단계: 찬양 아이들과 함께 즐거운 찬양하기!

2 단계: 흥미유발 이야기

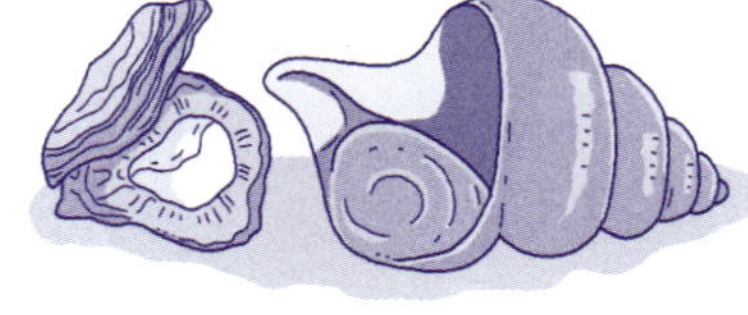

(굴의 그림을 보여주며: 가능하면 실물을 구입하여 보여주라.) 이것이 무엇인지 아니? 그래, 굴이란다. 굴은 김치에 들어가면 신선한 맛을 내고 영양도 일품이지.

그런데 가끔 바닷가에 가 보면 모양은 완벽한데 속이 비어있는 굴 껍질을 발견하게 된단다. 껍질에 깨지거나 금이 간 흔적도 없는데 그 속에 있어야 할 굴이 온데간데 없이 사라진 거야. 어떻게 이런 일이 일어날 수 있을까? 껍질 속에 있어야 할 굴은 어디로 사라진 걸까? (아이들의 대답을 들어준 후) 힌트를 줄게. 대부분 이런 경우에는 그 껍질 어딘가에 작고 동그란 구멍이 나 있지. (아이들의 대답을 들어준 후)

굴은 바로 그 작은 구멍을 통해서 사라진 거란다. 아니, 사라졌다기보다 먹혔다는 것이 더 옳은 표현일 거야. 그 구멍은 바로 (고동의 그림을 보여주며) 고동이라는 바다생물에 의해 만들어진 거지. 고동도 또한 껍질을 가지고 있는데, 이 뾰족한 부분을 이용해서 굴 껍질에 구멍을 낸다고 하는구나. 그리고는 그 구멍을 몸으로 감싸고 조금씩 조금씩 그 안에 있는 굴을 빨아먹는 거지. 껍질 속의 굴이 완전히 사라질 때까지 말이야.

- 만약 굴에게 다리가 있거나 헤엄을 칠 수 있는 지느러미가 있다면, 고동이 접근할 때 어떻게 할까? (도망간다; 항상 고동과 멀리 산다.)
- (청소년 자녀를 위한 질문) 고동은 송곳같이 뾰족한 부분으로 구멍을 뚫는다고 했지. 그럼, 송곳은 영어로 뭘까? 영어사전을 참고해도 좋아(송곳은 영어로 'auger'라고 함). a.u.g.e.r! 그런데 스펠링이 어떤 단어와 비슷하구나. U자를 뒤집으면 어떻게 되지? a.n.g.e.r, 곧 anger '화'가 되는구나.
- 오늘의 교훈은 무엇일까? (아이들의 대답을 듣고 격려해 준 후, 오늘의 교훈을 따라하게 한다. – "노를 품는 자와 사귀지 말라.")

3 단계: 성경 읽기 잠 22:24–25(주제: 성을 잘 내는 친구와 사귀지 말라)

4 단계: 대화

〈요절 설명〉 오늘 말씀은 화를 잘 내고 불만이 가득한 사람과 친구하지 말라고 하는구나. 왜냐하면 그런 사람과 사귀게 되면, 자기도 모르게 그런 사람과 똑같이 화내고 불평하게 되기 때문이야. 화를 내면 상대방을 말로 죽이는 것이 될 뿐만 아니라, 자기 자신(영혼)에게 상처를 주게 되는 것이란다.

〈화 – 상처받는 길〉 화를 잘 내는 사람과 어울리지 말아야 하는 이유는 바로 그 사람의 성난 말과 행동으로 내가 상처를 받을 수 있기 때문이야. 때때로 그런 친구가 반에서 멋있게 보일 수도 있고, 강해 보일 수도 있지. 이런 이유 때문에 어떤 아이들은 그런 친구들과 어울려 다니기도 하지.

그러나 화를 잘 내는 사람은 자신과 가까운 사람에게도 화를 잘 내기 마련이란다. 그 사람의 거친 말로 인해 함께 어울리는 친구들도 상처를 받게 된단다. 이것은 마치 고동이 자신의 뾰족한 부분으로 굴의 껍질에 구멍을 뚫는 것과 같아. 화를 내는 사람은 친구의 마음에 상처를 주게 된단다. 친구한테 상처를 받아 본 적이 있니? 한번 얘기해 볼까?

〈화 – 자기 영혼을 죽이는 길〉 화를 내는 사람과 어울리지 말아야 하는 이유가 또 있어. 그것은 그 사람의 잘못된 행동을 따라하게 되기 때문이야. 오늘 말씀에도 그 행위를 본받게 된다고 나와 있지(25절). 그런 사람과 어울리게 되면, 그 친구 또한 화내고 불평하는 사람으로 바뀌게 된단다. 그러면 결국 자기가 내는 화와 불평 때문에 자기 자신의 마음(영혼)에 병이 들게 되는 거야. 영혼이 죽어가게 되는 거지. 하나님은 우리의 영혼이 잘 되기를 바라신단다.

5 단계: 기도

- 좋은 친구를 사귀게 해달라고 기도하고,
- 혹시라도 OO(이)가 남에게 화를 내는 일이 없게 해달라고 기도하렴.

8월 넷째 주

목표: 미련한 친구의 위험성을 직시하고, 그런 사람을 도리어 변화시킬 수 있는 방법을 알게 한다.

새끼를 빼앗긴 **암곰**

– 미련한 자와 사귀지 말라

1 단계: 찬양 아이들과 함께 즐거운 찬양하기!

2 단계: 흥미유발 이야기

전 세계 어린이들에게 가장 사랑받는 인형이 있단다. 어떤 인형일까? 그래, 곰 인형이란다. 곰 인형은 귀여우면서도 포근한 느낌을 줘서 특히 여자 아이들에게 인기가 많지. 그러나 인형은 인형일 뿐, 진짜 곰도 귀엽고 순할 거라고 생각해선 안 된단다. 야생에서의 곰은 아주 사납고 위험한 동물이란다. 실제로 미국의 한 국립공원(Yellowstone National Park)에서는 곰의 공격으로 등산객들이 목숨을 잃는 경우가 종종 발생하고 있다고 하는구나.

그런데 야생에서 암곰이 가장 사나울 때가 언제인지 아니? 바로 자기 새끼가 누군가에게 노출되었을 때란다. 누군가가 우연히 새끼를 보았다면 암곰은 본능적으로 새끼를 보호하기 위해서 달려가 그를 공격한단다. 아무런 위협도 하지 않았는데도 말이야.

그런데 만약 그 새끼를 누군가에게 빼앗겼다고 생각해봐. 어떻게 될까? (아이들의 대답을 들어준 후) 그 암곰은 순식간에 괴수로 변할 거야. 그리고 빼앗긴 새끼를 찾기 위해 사람들이 다니는 길가로 나와서 잡히는 것이면 무엇이든 물어뜯고 갈기갈기 찢어버릴 거야. 곰은 이렇게 무서운 동물이란다.

- 그러면 우연히 새끼를 빼앗긴 암곰을 만나는 것은 곧 무엇을 의미할까? (죽음. 절대 피할 수 없고 대항할 수 없으므로)
- 오늘의 교훈은 무엇일까? (곰 이야기와 상관없는 것 같지만 일단 한번 따라해 보자. – "미련한 친구와 사귀지 말라.")

3 단계: 성경 읽기

잠 17:12(주제: 미련한 자와 사귀지 말라)

4 단계: 대화

〈요절 설명〉 오늘 말씀은 미련한 사람을 만나는 것이 얼마나 위험한 일인가를 가르쳐주고 있단다. 곧 미련한 친구와 사귀는 것이 새끼를 빼앗긴 암곰을 만나는 것보다 더 위험한 일이라는 거야. 새끼를 빼앗긴 암곰을 만나면 목숨을 잃을 수 있지. 그러나 미련한 자를 만나면 인생을 허비할 수 있기 때문이란다.

〈누가 미련한 자인가?〉 그러면 누가 미련한 자일까? 너희는 어떤 사람이 미련한 사람이라고 생각하니? (아이들의 대답을 들어준 후) 오늘 요절 말씀이 있는 잠언 17장을 살펴보면, 미련한 사람의 특징들을 알 수 있단다.

먼저, 미련한 자는 때려도 말을 듣지 않는다는 거야. 10절을 함께 읽어보자. 바로 잡아주기 위해 아무리 말로 타이르고 매를 들어도 미련한 자는 자신의 그릇된 행동을 고치려고 하지 않는단다. 또 미련한 자는 배우려고 하지 않는단다. 16절을 읽어볼까? 미련한 자는 열심히 공부하기보다 놀러 다니는 것을 더 좋아하지. 그래서 마지막으로 미련한 자는 부모님의 근심거리가 된단다. 21절과 25절을 읽어보자꾸나. 부모는 이 미련한 자식 때문에 항상 근심하며 고통스러워하지. 주변에 이런 사람이 있다면 그 친구는 미련한 사람임에 틀림없어.

〈미련한 자를 만나지 않으려면〉 하나님은 우리 믿는 사람들이 미련한 사람이 되지 않기를 바라실 뿐만 아니라 미련한 사람과 만나지도 않기를 바라신단다.

그럼, 우리는 어떻게 우리 자신이 미련한 사람이 되지 않고, 또 미련한 친구를 사귀지 않을 수 있을까? (아이들의 대답을 들어준 후) 바로 하나님의 말씀에 더욱 귀를 기울이는 거란다(시 1:1-3 참고). 말씀은 우리에게 지혜를 주고, 바른 행실을 하게끔 도와주지. 우리가 이렇게 지혜를 구하며 바른 행실을 하며 살게 되면, 미련한 사람은 아예 우리 주변에 얼씬도 하지 않게 될 거야. 그리고 만약 우리가 믿는 사람으로서 주변에 선한 영향력을 행사하게 된다면, 도리어 우리의 선한 모습을 보고 그들이 변화될 수도 있겠지. 우리는 이를 위해 기도해야 한단다.

5 단계: 기도

- 하나님 말씀에 순종함으로 미련한 자가 되지 않게 하시고,
- 선한 영향력을 행사하여 미련한 자들까지도 변화시킬 수 있게 해달라고 기도하려무나.

8월 다섯째 주

목표: 거짓 복음을 분별하고 참된 복음을 따라 살게 한다.

기도하는 것처럼 보이는 **사마귀**

– 거짓 복음을 좇지 말라

1 단계: 찬양 아이들과 함께 즐거운 찬양하기!

2 단계: 흥미유발 이야기

(그림을 보여주며) 너희들, 이 곤충을 좋아하니? 아마 사마귀를 좋아하는 사람은 없을 거야. 아마 이름에 '마귀'라는 글자가 들어가서 그럴 수도 있고, 생긴 것 자체가 무섭게 생겨서 그럴 수도 있겠지.

혹시 사마귀의 다른 별명을 알고 있니? 범처럼 무섭게 생겼다고 해서 '버마재비'라고도 하고, 물론 근거가 없는 말이지만 사마귀가 손등에 오줌을 싸면 사마귀가 생긴다고 해서 '오줌싸개'라고도 하지.

사마귀는 머리를 완전히 180도로 회전할 수 있단다. 그리고 벌, 나비, 파리, 메뚜기, 거미, 귀뚜라미 등 거의 모든 곤충을 잡아먹을 수 있지. 그것도 모자라 암컷 사마귀는 무엇까지 먹는지 아니? 자기와 짝짓기를 한 수컷을 먹어치운단다.

사마귀를 가만히 관찰한 적이 있니? 사마귀는 주로 긴 앞다리를 하늘로 향해 모으고 있단다. 이 모습이 마치 기도하는 모습과 같다고 해서 영어로는 사마귀의 이름이 바로 'Praying Mantis', 기도하는 사마귀란다. 그러나 사실상 사마귀의 속성을 생각할 때, 사마귀는 기도하는 사마귀가 아니라 'Preying

Mantis', 잡아먹는 사마귀라고 하는 것이 더 옳을 거야.

- 신기하게도 mantis라는 단어는 그리스어에서 나온 말인데, '선지자'라는 뜻을 가지고 있단다. 곧 사마귀는 겉모습은 고상하게 기도하는 선지자 같지만, 실상은 그 손으로 남을 잡아먹는 선지자인 거지. 성경에서는 이런 선지자를 가리켜 어떤 표현을 쓸까? (거짓 선지자)
- 오늘의 교훈은 무엇일까? (아이들의 대답을 들어준 후, 오늘의 교훈을 따라하게 한다. – "거짓 복음을 좇지 말라.")

3 단계: 성경 읽기 요일 4:1(주제: 거짓 선지자를 분별하라)

4 단계: 대화

〈요절 설명〉 오늘 말씀은 거짓된 복음을 분별할 줄 알아야 한다는 말씀이란다. 사도 요한이 이 말씀을 쓸 때부터 오늘날까지 거짓 복음을 전하는 거짓 선지자들이 존재해 왔단다. 많은 사람들이 그들의 미혹에 넘어갔고, 지금도 넘어가고 있지. 이런 세상에서 우리가 해야 할 일은 정신을 바짝 차리고 참된 복음을 좇아 살아가는 거란다.

〈거짓 선지자〉 오늘날 거짓 선지자는 누구를 가리킬까? 물론 거짓을 진짜처럼 전하는 사람들이겠지. 우리는 이들을 이단(異端)이라고 부른단다. 오늘날 얼마나 많은 사람들이 이단에 빠져 사는지 모른단다. 이단들은 겉으로 보기에는 믿음이 대단한 사람들처럼 보이지. 마치 기도하는 사마귀처럼 말이야. 그러나 그들은 사람들의 영혼을 마귀에게 인도하는 아주 위험한 거짓 선지자들이란다.

〈거짓 복음의 내용〉 그럼, 무엇이 이단일까? 오늘날 가장 심각한 이단들은 바로 그들의 교주를 가리켜 그가 구세주요 하나님의 아들이라고 말한다는 거란다. 이것은 분명한 거짓이요 이단이란다. 구세주는 오직 우리 주 예수님 밖에 없다는 사실을 분명히 해야 한단다.

그리고 또 다른 거짓 복음으로는 이렇게 말하는 거란다. "다른 종교에도 구원이 있다. 불교, 이슬람을 믿어도 천국갈 수 있다."

만약 하나님을 믿지 않고 그의 아들 예수 그리스도를 구주로 영접하지 않는다면 그가 갈 곳은 바로 … 지옥이란다(그밖에 이단에 대한 자신의 기존 지식과 자녀의 이해도를 고려해서 더 많은 예를 들어주면 좋을 것이다).

이렇게 오늘날 수많은 거짓 복음들이 판을 치고 있고, 거기에 많은 사람들이 현혹되어 있단다. 이러한 때에 우리는 더욱 깨어서 기도하고 참된 복음을 좇아 살아가야 하는 거야.

5 단계: 기도

- 이 땅에 거짓 선지자들이 많은데, 그들이 그 악행(사람들을 미혹케 하는 일)을 그만두고 회개하게 해달라고 기도하고,
- 예수님을 모르는 사람들이 예수님 믿고 구원받을 수 있게 해달라고 기도하렴.

성숙의 삶

- 끝까지 곡식을 나르는 개미 – 책임감을 가져라
- 포기하지 않고 거미줄을 치는 거미 – 끈기를 가져라
- 뚜껑 열린 병에서 탈출 못하고 죽는 벌 – 고집을 버리라
- 극한의 추위에서 따뜻한 자리를 양보하는 황제 펭귄 – 서로 양보하며 살라

9월 첫째 주

목표: 맡은 일을 완수하는 책임 의식을 갖게 한다.

끝까지 곡식을 나르는 개미

– 책임감을 가져라

1 단계: 찬양 아이들과 함께 즐거운 찬양하기!

2 단계: 흥미유발 이야기

비록 작은 곤충에 불과하지만 수천 년에 걸쳐 인간에게 아주 강력한 교훈을 주고 있는 동물이 있단다. 그것은 무엇일까? 주변에서 흔하게 볼 수 있는 곤충이란다. 동화 속 주인공(개미와 베짱이)이기도 해. 그래, 바로 개미야. 개미는 알을 낳는 여왕개미를 중심으로 수천 수만, 아니 셀 수도 없이 많은 수가 땅 속에 모여 살고 있지.

개미는 역할에 따라 여러 종류가 있지만, 사람에게 주로 모습을 드러내는 개미는 바로 일개미일 거야. 일개미는 서로 협동해서 적과 싸워 이기기도 하고, 무너진 개미집을 다시 짓기도 하고, 무거운 음식을 함께 나르기도 하지. 여기 개미를 통해 다시 힘을 얻은 한 장군의 이야기가 있단다.

어떤 나라에 전투에서 패해 숲 속에 가까스로 몸을 숨긴 한 장군이 있었단다. 그는 전투에서 전사한 병사들을 생각하며 한참을 괴로워하다가 스스로 목숨을 끊으려고 마음을 먹었지. 그런데 그때 작은 개미 한 마리가 자기보다 몇 배나 되는 큰 곡식 한 톨을 가지고 비틀거리며 나르는 모습을 보게 된 거야. 장군은 무심코 개미가 한 톨의 곡식을 나르다가 중심을 잃고 넘어지는 횟수를 세어보게 되었단다. 그 개미는 놀랍게도 69번 넘어졌다가 70번째 되어서야 개미굴에 이르게 되었어. 장군은 그때 소리쳤어. "그래, 이거야. 나는 이제 겨우 한번 패하지 않았는가?" 장군은 다시 용기를 내어 전장으로 나갔고, 결국 승리의 장군이 되었단다.

- 개미는 열심히 일하는 것으로 유명하지. 특히 이야기 속의 개미는 69번이나 넘어졌지만 포기하지 않고 곡식을 날랐지. 그런데 개미들은 누가 시켜서 이렇게 열심히 일을 하는 것일까? (아니다. 개미는 그저 맡은 일에 최선을 다할 뿐이다.) 그럼, 우리가 최선을 다하려면 어떻게 해야 할까? (책임감을 가져야 한다.)
- 오늘의 교훈을 생각해 보자. 무엇일까? (아이들의 대답을 들어준 후, 오늘의 교훈을 따라하게 한다. – "책임감을 갖자.")

3 단계: 성경 읽기 잠 6:6–8(주제: 책임감을 가지라)

4 단계: 대화

〈요절 설명〉 오늘 말씀은 개미에 대한 말씀이란다. 개미는 부지런히 일할 뿐만 아니라 미리 양식을 준비해 두지. 이런 개미의 지혜를 우리 인간도 보고 배우라는 거야.

〈진정한 부지런함〉 개미는 부지런한 것으로 유명하지. 그런데 우리는 오늘 말씀을 통해서 부지런한 것의 진정한 의미를 알 수 있단다. 진짜 부지런한 것은 무엇일까? (아이들의 대답을 들어준 후)

오늘 말씀에 비추어 보면, 부지런한 사람은 누가 시키지도 않아도 자신의 일을 알아서 한다는 거야. '개미는 두령도 없고 감독자도 없고 통치자도 없으되'(7절). 개미는 시키는 이가 없어도 열심히 일을 하지. 이것이 바로 진정한 부지런함이라는 거야. 누가 시켜서 하는 것은 부지런한 것이라고 볼 수 없지. 억지로 하는 거니까 말이야. 너희는 엄마아빠가 시켜서 뭔가를 하게 될 때 기분이 어떠니? (좋지 않다.)

〈책임감 – 부지런함의 이유〉 그렇다면 개미처럼 정말 부지런해지려면 어떻게 해야 할까? 누가 시켜서가 아니라 스스로 할 일을 하게 되려면 어떻게 해야 할까? (대답을 들어준 후) 바로 그 일에 대한 책임감을 갖는 것이란다. 우리가 맡은 일에 책임감을 가지면 '그 일을 당장 마무리 지으라'고 누가 시키지 않아도 스스로 그 일을 하게 되어 있지.

아빠가 밖에서 열심히 일하는 이유는 누가 시켜서일까? 엄마가 너희에게 음식을 차려주는 것은 누가 시켜서일까? (가족과 자녀에 대한 책임감 때문에) 만약 부모의 일을 누가 시켜서 한다면 정말 괴로울 거야.

너희들도 각자가 해야 할 일들이 있을 거야. 때론 귀찮을 수도 있겠지만, 그 일을 '내가 해야 한다'는 책임감을 가지고 한다면 더 즐겁고 보람 있게 할 수 있을 거야. 그리고 아무리 힘들 때에라도 책임감을 가지고 임한다면 끝까지 포기하지 않고 맡은 일을 해내게 될 거야.

5 단계: 기도

- 개미처럼 부지런한 사람이 되게 해달라고 기도하고,
- 자기가 맡은 일에 책임감을 가지고 최선을 다하는 사람이 되게 해달라고 기도하렴.

9월 둘째 주

목표: 인내와 끈기의 중요성을 알게 한다.

포기하지 않고 거미줄을 치는 거미

– 끈기를 가져라

1 단계: 찬양 아이들과 함께 즐거운 찬양하기!

2 단계: 흥미유발 이야기

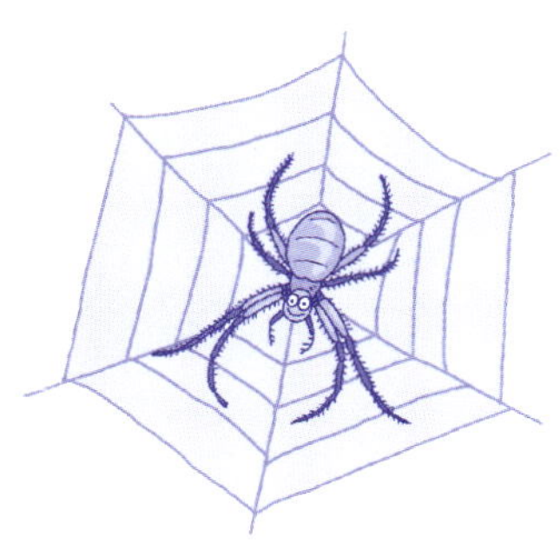

이 동물은 무엇일까? 개미처럼 우리 주변에서 흔히 볼 수 있는 동물이지. 곤충은 아니란다(참고로, 곤충은 머리, 가슴, 배로 나뉘지만, 거미는 머리와 배 뿐이다). 세계적으로 잘 알려진 영웅 캐릭터(스파이더맨)이기도 하지. 결정적인 힌트는 다리가 8개란다. 그래, 바로 거미란다.

거미하면 거미집을 빼놓고 얘기할 수가 없지. 거미집을 자세히 들여다 보면, 그 완벽한 수치와 규칙성에 놀라지 않을 수 없단다. 그러나 더 놀라운 것은 바로 거미집을 짓기 위한 거미의 집념과 끈기란다. 벽을 기어 올라가다 바람이 불어 땅에 떨어져도 거미는 다시 벽을 기어 올라가지. 비가 와서 빗물에 씻겨 내려도 거미는 다시 기어 올라간단다. 높은 곳에 다다른 거미는 거미줄 하나를 칠 때에도 수많은 실패를 반복하지. 그러나 끝내 벽과 벽 사이에 거미줄을 연결시키는 것에 성공을 하고 만단다. 여기 거미의 이런 특성(끈질긴 집념)과 관련된 좋은 일화가 있구나.

옛날에(1307년) 한 나라의 왕(스코틀랜드의 로버트 브루스)이 전쟁에 패하여 도망치다가 동굴에 몸을 숨기게 되었단다. 동굴 속에서 실의에 빠져있던 왕은 천정에 매달려 있는 거미 한 마리를 보게 되었지. 그 거미는 미끄러운 동굴 벽에 막 거미집을 치려던 참이었어. 왕은 그 거미가 거미줄 한 가닥을 치기 위해 여섯 번 실패하고 일곱 번째 성공하는 모습을 보게 되었지. 그 순간 왕은 뉘우치며 자신에게 말했단다. "거미가 나를 가르치는구나. 나 또한 여섯 번 패하지 않았던가?" 왕은 거미를 통해 용기를 얻어 다시 전장에 나가 일곱 번째 전투에서 승리를 하게 되었단다.

- 사실 거미의 끈기는 거미집을 완성한 후에 더욱 빛난단다. 왜 그럴까? (거미는 거미집에 먹이가 걸려들 때까지 끈기 있게 기다리고 기다리며 또 기다린다.)
- 오늘의 교훈은 무엇일까? (아이들의 대답을 들어준 후, 오늘의 교훈을 따라하게 한다. - "끈기를 발휘하라." 혹은 "인내를 온전히 이루라.")

3 단계: 성경 읽기 약 1:4(주제: 끝까지 인내하라)

4 단계: 대화

〈요절 설명〉 오늘 말씀에서 '인내'(perseverance)란 어떤 어려움 속에서도 굴하지 않고 하던 일을 계속하는 것을 말한단다. 또 다른 말로는 '끈기'라고도 하지. 어려움 속에서도 끈기 있게 최선을 다하는 것이 하나님이 원하시는 성숙한 사람의 모습이란다.

〈끈기: 포기하지 않는 것〉 OO(이)는 무슨 일을 하다가 포기하고 싶을 때가 있었니? 때때로 어려움에 부딪히게 되면 하던 일을 그만두고 싶을 때가 있지. '내 머리로는 안돼', '내 실력으론 안돼' 하며 포기하고 싶을 때가 종종 있을 거야. 그러나 그때마다 아무리 힘든 조건에서도 거미줄을 치고 거미집을 만들고야 마는 거미를 떠올려보렴. 한낱 미물에 불과하지만 거미는 절대 포기하지 않는단다.

하던 일을 그만 두고 싶을 때 필요한 것이 바로 인내와 끈기란다. 오늘 말씀에서도 '인내를 온전히 이루라'고 나와 있지. 이 말은 끝까지 인내하며 최선을 다하라는 말이란다.

〈끈기: 오래 참는 것〉 물론 때때로 포기하지 않고 최선을 다했는데도 원하는 결과를 얻지 못할 수도 있지. 최선을 다해 연습해서 태권도 시합(혹은 음악 콩쿨 등)에 나갔지만 좋은 성적을 얻지 못할 수도 있는 거야.

그러나 대부분의 경우, 실력이 형편없는 경우는 그 사람이 평소에 오래 참지 못해서란다. 곧 끈기가 없었다는 거야. 생각해 봐. 평소에 힘든 훈련이나 힘든 연습 시간을 참아내지 못한 사람이 어떻게 실력을 키울 수 있겠니?

공부도 마찬가지란다. 오래 참지 못하는 사람은 좋은 성적을 얻을 수가 없는 거란다. 공부하는 것도 때로는 힘들고 때로는 지겹기도 하지. 그러나 그 때마다 꾹 참고 버텨야 좋은 성적을 얻을 수가 있는 거야.

5 단계: 기도

- OO(이)가 이루고 싶은 일을 하나님께 말씀드리고,
- 그것을 이루기 위해 필요한 인내와 끈기를 달라고 기도하렴.

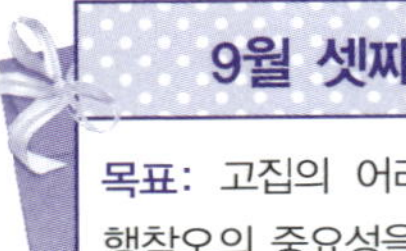

9월 셋째 주

목표: 고집의 어리석음과 시행착오의 중요성을 깨닫게 한다.

뚜껑 열린 병에서 탈출 못하고 죽는 벌

– 고집을 버리라

1 단계: 찬양 아이들과 함께 즐거운 찬양하기!

2 단계: 흥미유발 이야기

벌이 영리할까? 파리가 영리할까? (아이들의 대답을 들어준 후) 그럼, 이런 경우엔 어떨지 한번 보자꾸나. 한 과학자가 6마리의 벌과 6마리의 파리를 잡아다가 투명한 유리병 안에 넣고 뚜껑을 닫았단다. 그리고 그 병을 어두운 방의 한 책상 위에 눕혀놓았는데, 밑바닥이 밝은 창문을 향하도록 놓았단다. 그리고 슬그머니 뚜껑을 열었지. 자, 벌과 파리 중에 어떤 것이 먼저 유리병 밖으로 탈출해 나왔을까? (아이들의 대답을 들어준 후)

탈출에 성공한 것은 바로 파리였단다. 파리는 6마리 모두 이리 저리 날아다니다가 2분도 채 안 돼서 병 밖으로 나왔지만, 벌은 6마리 모두 끝까지 입구를 찾지 못하고 병의 밑바닥 주위를 돌아다니다가 결국 기진맥진해 죽게 되었단다(그림을 보여준다).

- 벌은 왜 탈출을 못하고 병의 둥근 밑바닥만 맴돌았을까? (병의 둥근 밑바닥은 밝은 창문을 향해 있었다고 했지. 벌은 밖으로 나가는 문은 반드시 밝은 쪽에 있을 거라 생각하고 줄기차게 밑바닥에서만 출구를 찾아 헤맸던 거야.)
- 오늘의 교훈은 무엇일까? (아이들의 대답을 들어준 후, 오늘의 교훈을 따라하게

한다. – "한 가지 방법만 고집하지 말라.")

3 단계: 성경 읽기 잠 29:1(주제: 고집을 부리지 말라)

4 단계: 대화

〈요절 설명〉 오늘 말씀에서 '목이 곧은 사람'이란 고집을 부리는 사람(참조: 새번역, 공동번역)을 말한단다. 다른 사람의 의견을 듣지 않고 자기 생각, 자기 방식대로만 하려는 것을 '고집 부린다'라고 하지. 그런데 오늘 말씀은 그렇게 고집부리는 사람은 곧 망하게 된다고 말씀하고 있는 거란다.

〈벌의 문제: 고집〉 오늘 이야기에서 벌의 문제는 무엇이었을까? (아이들의 대답을 들어준 후) 벌은 처음엔 영리한 생각을 가지고 있었지. 빛이 들어오는 곳에 출구가 있을 거라는 생각 말이야. 그러나 벌의 문제는 빛이 있는 곳에 출구가 없다는 사실을 발견하고도 다른 시도를 해보려고 하지 않았다는 거야. 자기 생각과 경험만 의지하고 다른 방법을 생각해 보지 않았어. 고집을 부린 거지. 결국 자신의 고집을 꺾지 않은 벌들은 그 자리에서 죽고 말았어.

우리 생활 속에서 고집을 부릴 때 일어나는 일들에는 어떤 것들이 있을까? (싸움, 다툼, 망신 … 자녀가 자신의 경험을 이야기하도록 이끌어주라.) 고집을 부리지 않으려면 어떻게 해야 할까? (열린 마음을 가지고 다른 사람의 의견에 귀를 기울인다.)

〈파리가 잘한 것〉 그럼, 오늘 이야기에서 파리가 잘한 것이 있지? 무엇일까? 그래, 이것저것 다양한 시도를 해보았다는 거야. 파리는 밝은 쪽뿐만 아니라, 어두운 쪽에도 머리를 유리병에 부딪혀가며 출구를 찾았지. 그 결과 2분도 안돼서 6마리의 파리들이 모두 유리병 밖으로 나오는데 성공했어.

파리의 지능이 어떤지는 모르겠지만, 우리는 여기서 중요한 교훈을 발견하게 된단다. 시행착오를 두려워하지 말라는 거야. '실패하면 어떡하지?', '다른 사람이 나를 놀리면 어떡하지?' 이런 생각을 가지고 다른 시도를 하지 않으면 우리는 더 이상 발전할 수가 없게 된단다.

에디슨은 이런 말을 했단다. "실패는 성공의 어머니다." (부모는 자녀가 그들의 삶 속에서 어려워하거나 자신 없어 하는 부분을 잘 알고 있을 것이다. 그런 부분을 다루면서 실패를 두려워하지 말고 도전해 볼 것을 권유한다. 또한 실패를 통해 배웠던 부모 자신의 이야기를 들려주면 더욱 효과적일 것이다.)

5 단계: 기도

- 자기 고집만 부리는 것이 아니라, 다른 사람의 의견에 귀를 기울일 줄 알고,
- 실패를 두려워하지 않는 사람이 되게 해달라고 기도하렴.

9월 넷째 주

목표: 양보가 세상을 아름답게 만드는 길임을 알게 하고 실천하게 한다.

극한의 추위에서 따뜻한 자리를 양보하는 **황제 펭귄**

– 서로 양보하며 살라

1 단계: 찬양 아이들과 함께 즐거운 찬양하기!

2 단계: 흥미유발 이야기

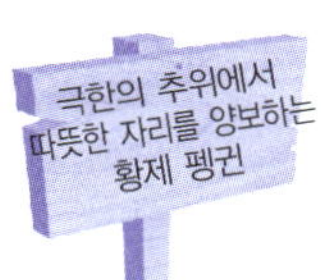

추운 남극에서 사는 귀여운 동물이 있지. 무엇일까? (펭귄) 펭귄은 총 17여종이 있는데, 그 중에서 가장 몸집이 큰 펭귄이 바로 (그림을 보여주며) 황제 펭귄이란다. 황제 펭귄은 지구상에서 가장 경이로운 동물 중 하나야. 무엇보다도 극한의 추위 속에서도 지극정성으로 알을 돌보는 아빠 펭귄들을 보면 정말 눈물이 나올 정도로 애처롭기 그지없단다.

황제 펭귄은 다른 새들과는 달리 유독 추운 겨울에 알을 낳는단다. 남극의 추운 얼음판 위에서 엄마 펭귄이 알을 낳으면, 그 즉시로 아빠 펭귄이 알을 받아 자신의 발등과 따뜻한 배 사이로 넣어 감싸주지. 만약 알을 건네받는 과정에서 조금이라도 시간이 지체되면 알은 얼어버리고 말지. 그래서 아빠 펭귄은 신속하면서도 정확하게 부리를 이용해서 알을 자신의 발등 위에 올려놓는단다. 그리고는 아기 펭귄이 알에서 부화할 때까지 약 2개월(65일) 동안 알을 발등 위에 올려놓고 몸으로 감싼 채 지내게 되는 거야.

더욱 안쓰러운 것은 그 2개월 동안 아빠 펭귄은 아무것도 먹지 못한다는 거야. 알을 발등 위에 올려놓는 순간부터 아빠 펭귄이 할 수 있는 것은 아무

것도 없단다. 할 수 있는 것은 오직 꾸부정한 자세로 조금씩 걷는 것 뿐이지. 그럼, 엄마 펭귄은 그동안 뭘 하냐고? 엄마 펭귄은 다시 먼 해안으로 나가서 그 2개월 동안 먹이를 잡지. 열심히 물고기를 잡아먹고 몸에 축적해 놓는 거야. 그리고는 아기 펭귄이 부화했을 때쯤에 돌아와서 뱃속의 먹이를 꺼내주는 거란다.

그런데 정말 놀라운 이야기는 지금부터란다. 알을 감싸고 있는 아빠 펭귄들은 극한의 추위와 매서운 바람을 두 달 동안 견뎌내야 하는 거야. 추위는 영하 50도의 상상을 할 수 없는 추위이고, 바람은 시속 200킬로미터로 몹시 차갑고 매서운 바람이지. 이런 극한의 상황에서 아빠 펭귄들은 어떻게 살아남을 수 있는 걸까? 황제 펭귄들은 수백 마리씩 군집생활을 하는데, 아빠 펭귄들은 알을 품은 채 한 곳에 모여 체온을 유지하기 위해 서로의 몸을 촘촘하게 바짝 붙인단다. 수백 마리의 펭귄이 바짝 붙어 있으니 자연스럽게 안쪽에 있는 펭귄들과 제일 바깥쪽에 붙어있는 펭귄들이 생겨나게 되지. 안쪽과 바깥쪽의 온도는 10도 이상의 차이가 난다고 한단다. 안쪽이 바깥쪽보다 훨씬 따뜻한 거지. 그러나 제일 바깥쪽의 펭귄들은 차가운 눈보라를 직접 맞아야 하니 얼마나 춥겠니?

그런데 놀라운 것은 서로 몸을 붙이고 움추려 있던 펭귄들이 일정한 시간이 되면 일어나서 안쪽의 펭귄들과 바깥쪽의 펭귄들이 질서 있게 자리를 교대한다는 거란다. 바깥쪽 펭귄들은 조금씩 안쪽으로 들어가게 되고, 안쪽의 펭귄들은 조금씩 바깥쪽으로 자리를 바꿔주는 거지. 이렇게 해서 아빠 펭귄들은 추운 겨울을 날 수 있는 거란다.

- 만약 안쪽의 펭귄들이 따뜻한 안쪽 자리를 내주지 않는다면 어떻게 될까? (바깥쪽 펭귄들이 얼어서 죽게 되고, 시간이 가면서 결국 모든 펭귄들이 다 얼어 죽

게 될 것이다.)

▪ 오늘의 교훈을 생각해 보자. 무엇일까? (아이들의 대답을 들어준 후, 오늘의 교훈을 따라하게 한다. – "서로 양보하면서 살자.")

3 단계: 성경 읽기 창 13:9(주제: 롯에게 먼저 양보하는 아브람)

4 단계: 대화

〈요절 설명〉 오늘 말씀은 아브람이 조카 롯에게 먼저 좋은 땅을 차지하도록 양보해준 이야기란다. 아브람과 롯은 같이 살았는데, 재산과 가축이 많아지면서 문제가 생기기 시작했지. 땅은 좁은데 서로 자기네 가축을 먼저 풀을 뜯게 하려고 하다가 다툼이 일어난 거지. 이에 아브람은 하나님의 사람답게 롯에게 먼저 양보를 한단다. 좋은 땅을 먼저 선택하도록 말이야.

〈다툼을 방지하는 방법: 양보〉 만약 아브람이 양보하지 않고 자신이 먼저 좋은 땅을 차지하겠다고 했다면 상황이 어떻게 되었을까? 아마 롯의 마음속에 아브람을 미워하는 마음이 생겼을 거야. 그러나 아브람의 양보로 인해 롯은 마음이 온순해지고 아브람을 더욱 존경하게 되었겠지. 이처럼 양보는 상대방의 마음을 온순하게 만드는 마력을 가지고 있단다. 잘 생각해 봐. 대부분의 다툼은 서로 양보를 하지 않기 때문에 생기는 거란다. 누군가 먼저 양보를 한다면 다툼이 일어나지 않는단다. 최근에 양보하지 않아서 다툼이 일어난 적이 있니? 있다면 솔직하게 얘기해 볼까?

〈세상을 살리는 방법: 양보〉 아빠 황제 펭귄들이 추운 겨울날 서로 자리를 양보해 주는 모습을 통해서 우리는 이 사회에서 어떻게 살아야 하는가를 배울 수 있단다. 그래, 서로 양보하면서 살아야겠지. 왜냐하면 그것이 세상을 살리는 방법이기 때문이란다. 혹한의 날씨 속에서 황제 펭귄 공동체가 살아남을 수 있는 이유는 양보하기 때문이지.

마찬가지로, 우리가 사는 사회(공동체)가 건강하게 살아가기 위해서는 서로 양보하며 살아야 하는 거란다(가정이나 학교, 교회에서 어떻게 양보할 수 있을지 생각해보고 얘기해보라).

5 단계: 기도

- 아브람처럼 먼저 양보하는 사람이 되게 해달라고 기도하고,
- 이 사회가 양보하는 사회가 되어서 아름다운 사회가 되게 해 달라고 기도하렴.

정결한 삶

- 몸을 부풀리는 복어 – 자랑하지 말라
- 모으기만 하는 햄스터 – 탐순을 버리라
- 먹이를 먹으며 눈물을 흘리는 악어 – 위선을 버리라
- 토한 것을 도로 먹는 개 – 미련한 것을 반복하지 말라
- 자신의 피를 핥아먹다 죽는 북극 늑대 – 죄의 덫에 빠지지 말라

10월 첫째 주

목표: 자기 자신을 부풀리거나 자랑하지 않는 삶을 살게 한다.

몸을 부풀리는 복어

– 자랑하지 말라

1 단계: 찬양 아이들과 함께 즐거운 찬양하기!

2 단계: 흥미유발 이야기

(그림을 보여주며) 이 물고기의 이름이 무엇인지 아니? 복어라고 하는데, 이 물고기처럼 독특한 물고기도 없단다. 우선 우리가 이 물고기를 먹을 수 있을까 없을까? (아이들 대답을 들어준 후) 먹을 수 있단다. 복어는 사람 몸에 아주 좋은 효능을 가지고 있어서 건강식으로 찾는 귀한 음식이란다.

그런데 왜 우리는 집에서 복어 요리를 해먹어 본 적이 없을까? 그것은 복어에는 아주 치명적인 독이 들어 있기 때문이란다. 고깃살에는 독이 들어있지 않지만 위와 간, 그리고 피부에는 독이 있어서 자칫 잘못 독을 먹게 되면 사람이 죽을 수가 있거든. 그래서 복어는 아무나 요리할 수 있는 게 아니란다. 특별 훈련을 받은 조리자격증이 있는 사람만이 요리할 수 있는 거지.

그런데 복어가 진짜 특이한 점은 다른 데 있단다. 바로 복어가 위험을 느끼면 갑작스럽게 몸을 자기 몸보다 몇 배나 크게 부풀릴 수 있다는 거야. 복어는 다른 물고기와는 달리 비늘이 없고 피부가 고무처럼 질기면서도 잘 늘어나는 특징을 가지고 있단다. 위장도 마찬가지고. 그래서 위협을 느끼면 위장에 물을 잔뜩 들이마셔서 몸을 최대한 부풀리는 거지. 몸집을 크게 만들어서 자기를 보호하려고 그러는 거란다.

하지만 이렇게 몸을 부풀리는 것이 항상 복어에게 좋은 것만은 아니란다. 몸을 부풀려서 다른 물고기가 접근하지 못하게 만들 수는 있지만, 연구자들이 밝혀낸 바에 의하면, 복어가 몸을 부풀리는 횟수가 많으면 많을수록 그 수명이 짧아진다고 하는구나.

- **만약 복어가 몸을 부풀린 상태에서 살아간다면 어떻게 될까?** (머지않아 곧 죽게 된다.)
- **오늘의 교훈은 무엇일까?** (아이들의 대답을 듣고 격려해 준 후, 오늘의 교훈을 따라하게 한다. – "자신을 부풀리지 말라" 혹은 ' 자랑하지 말라.")

3 단계: 성경 읽기 렘 9:23(주제: 자랑하지 말라)

4 단계: 대화

〈요절 설명〉 오늘 말씀은 하나님이 예레미야 선지자를 통해서 하신 말씀이란다. 이스라엘 백성들이 하나님의 말씀을 듣지 않고 우상에게 절하며 자기 마음대로 살았던 때가 있었지. 하나님보다 자기 자신을 높이며 살았던 거야. 하나님이 가장 싫어하는 사람이 누군지 아니? 바로 하나님보다 자기 자신이 잘난 줄 알고 살아가는 사람이란다. 그래서 하나님은 예레미야 선지자를 통해서 이스라엘 백성에게 큰 벌을 주시겠다고 말씀하고 있는 거란다. 그러면서 오늘 말씀을 하시는 거지(다시 한 번 예레미야 9:23을 읽어준다).

〈거만한 자랑〉 복어는 몸 부풀리기의 명수이지. 사람도 마찬가지란다. 자기 자신을 부풀리기 좋아하고 자랑하기 좋아하지. 주변에 자랑하기 좋아하는 친구가 있니? 그런 친구에 대해 어떻게 생각하니? (안 좋게 생각한다.)

그렇다면 사람들은 어떤 경우에 이런 행동(부풀리고 자랑하는 행동)을 하게 될까? 첫째는, 남보다 무엇인가를 더 가지고 있을 때 자랑하고 싶어지는 것 같단다(거만한 자랑). (남이 없는 옷이나 돈, 물건을 가지고 있거나 대회에서 상을 받은 경우 등의 예를 들어주며, 혹시 자녀가 이런 예에 해당한다면 어떤 경우에도 자랑해서는 안 된다고 말해준다.) 오히려 가진 게 많고 잘 하면 잘 할수록 겸손하게 자신을 낮출 줄 알아야 한단다.

〈거짓 자랑〉 둘째로는, 반대로 남보다 가진 것이 없지만 친구들에게 무시당하지 않기 위해 자신을 부풀리는 경우도 있단다(거짓 자랑). 없는 것도 있다고 말하고, 못하는 것도 잘 한다고 말하는 거지. 거짓말로 자신을 포장하는 거야. 그러나 하나님을 믿는 우리는 그렇게 자신을 포장할 필요가 없단다. 복어처럼 자신을 힘들게 부풀릴 필요가 없어. 스트레스만 받고 수명만 짧아질 거야. 그저 우리가 할 일은 우리의 모습을 사랑해 주시는 하나님께 감사하며 자기 자신을 사랑하면서 살아가는 거란다.

5 단계: 기도

- 남보다 잘났다고 자신을 자랑하지 않게 하시고,
- 남보다 못났다고 자신을 부풀리지 않게 해 달라고 기도하렴.

10월 둘째 주

목표: 탐심을 버리고, 가진 것을 나누는 삶을 살게 한다.

모으기만 하는 **햄스터**

– 탐심을 버리라

1 단계: 찬양 아이들과 함께 즐거운 찬양하기!

2 단계: 흥미유발 이야기

오늘은 작고 귀여운 햄스터에 대해서 살펴보려고 한단다. 햄스터는 다람쥐와 쥐와 같은 설치류에 속하지만, 모양이 귀엽고 사람에게 공격적이지 않아서 애완동물로 인기가 많은 동물이지. 야생에서 햄스터는 야행성이기 때문에 캄캄한 밤에 굴에서 나와 먹이를 찾아다닌단다. 먹이로는 주로 곡식을 먹지만 때때로 지렁이, 곤충, 개구리 등도 잡아먹는단다. 시력이 약해서 가까이 있는 물체만 볼 수 있고, 그것도 노란색과 초록색으로만 인식할 수 있다고 하는구나.

흥미로운 것은 사람이 태어날 새끼(아기) 햄스터의 성별을 결정할 수 있다는 거야. 어떻게 그것이 가능할까? 암컷이 지내는 방을 따뜻하게 해주면 수컷을 낳게 되고, 에어컨을 틀어줘서 차갑게 해주견 암컷을 낳게 된단다.

그런데 햄스터라는 이름이 무슨 말에서 유래했는지 아니? 그 이름은 원래 독일어로 hamstern(함스테른)이라는 말에서 왔는데, 그 뜻은 '사재기하다, 저장하다'라는 뜻이란다. 독일 사람들이 햄스터의 특성을 아주 잘 파악한 거지. 햄스터는 양쪽 볼에 주머니가 있는데, 여기어 엄청 많은 양의 음식을 저장할 수 있단다. 게다가 땅 속에 굴을 파서 음식 창고를 만들고 그곳에 모아 온 음식들을 쌓아두지.

그런데 문제는 햄스터는 다 먹지도 못할 것을 무조건 쌓아두기만 한다는 거야. 한번은 사람들이 햄스터가 겨울을 나기 위해 쌓아둔 곡식들을 굴 속에서 발견했는데, 그 무게가 50킬로그램이 넘었다고 하는구나.

- **햄스터는 겨울에 잠을 자는 동물이고 거기다 혼자 사는 동물이란다. 햄스터 한 마리가 한겨울 동안 50킬로그램이나 되는 곡식들을 다 먹을 수 있을까?** (없다. 햄스터는 동면을 취하다가 영양분 섭취를 위해 가끔 깨어날 뿐이다.)
- **오늘의 교훈을 생각해 보자. 무엇일까?** (아이들의 대답을 들어준 후, 오늘의 교훈을 따라하게 한다. – "지나치게 쌓아두지 말라.")

3 단계: 성경 읽기 눅 12:21(주제: 재물을 쌓아 두지 말라)

4 단계: 대화

〈요절 설명〉 오늘 말씀은 예수님이 들려주신 한 이야기의 결론 말씀이란다(16절부터 21절까지 함께 읽는다). 이 이야기는 아무리 창고를 크게 짓고 아무리 많은 곡식과 물건을 거기에 쌓아두어도 소용없다는 것을 말해주고 있지. 왜냐하면 하나님이 오늘이라도 당장 부르시면 쌓아둔 것을 다 남겨두고 하늘나라로 가야 하니까 말이야. 그러므로 우리 인생에서 중요한 것은 얼마나 많이 쌓아두느냐가 아니라, 하나님을 위해서 얼마나 선한 일을 하느냐 라는 사실에 있단다.

〈저축 Yes 욕심 No〉 먼저, 오늘 교훈을 생각해 보면서 오해하지 말아야 할 것이 있단다. 그것은 미래를 위해서 돈을 저축하는 것은 잘못된 일이 아니라는 거란다. 열심히 일해서 번 돈을 차근차근 모아서 가정과 교회와 국가를 위해 옳은 일이지(자녀가 돼지저금통이나 은행계좌를 통해 저축을 하고 있다면 더욱 격려해준다). 그러나 여기서 말하는 것은 욕심에 관한 거란다. 만약 자기가 어떤 물건을 다 쓰지도 못할 거면서 더 많이 갖고자 한다면 그것이야 말로 욕심이요 탐심이라고 불리는 거란다.

〈선한 일을 하라〉 햄스터는 자기가 다 먹지도 못할 음식을 산더미처럼 쌓아놓기만 하지. 만약 사람이 이런 행동을 한다면 그것만큼 어리석은 행동도 없을 거야. 자기에게 어떤 물건이 필요 이상으로 있다면 어떻게 하는 것이 좋을까? 없는 사람에게 나누어주는 것이 좋겠지.

아이들에겐 그 연령에 따라 집착하는 물건이 있기 마련이다. 그것이 바비 인형이든, 예쁜 스티커든, 캐릭터 카드든 자녀에게 필요 이상으로 있는 물건이 무엇인지 파악하고 그것을 다른 사람과 나눌 수 있는지 물어보라. 자녀가 흔쾌히 나눌 수 있다고 하면 원하는 친구에게 주도록 하고, 나누기를 주저한다면 다음 두 가지 방법 중에 하나를 사용할 수 있다.

첫째, "괜찮아. 지금은 아직 마음의 준비가 안 되어서 그래. 그러나 언젠가는 나눌 수 있도록 하자꾸나." 둘째, (용돈을 준비한 상태에서) "만약 네가 그것을 누군가에게 나누어줄 수 있다면 하나님께서 아빠를 통해 더 큰 상급을 주실 거야."(자녀가 이에 응한다면 기도를 마친 후 기쁜 마음으로 용돈을 주라.)

5 단계: 기도

- 더 가지려는 마음(탐심)을 물리치게 해달라고 기도하고,
- 오히려 가진 것을 나눌 줄 아는 사람이 되게 해달라고 기도하렴.

10월 셋째 주

목표: 위선적인 삶을 살지 않도록 한다.

먹이를 먹으며 눈물을 흘리는 **악어**

– 위선을 버리라

1 단계: 찬양 아이들과 함께 즐거운 찬양하기!

2 단계: 흥미유발 이야기

(아이들이 어리다면 흥겹게 악어떼 동요를 불러보자.) 너희들 이 노래 아니? "정글 숲을 지나서 가자. 엉금엉금 기어서 가자. 늪지대가 나타나면은 악어떼가 나올라. 악어떼!"

오늘은 악어를 통해서 필요한 교훈을 배워보기로 하자꾸나.

악어는 생긴 것만큼이나 매우 사납고 공격적이란다. 새, 물고기, 사슴, 기린 할 것 없이 강가에 접근하는 모든 동물이 악어의 먹이가 될 수 있지. 악어는 무는 힘이 세상의 그 어떤 동물보다도 강해서 한 번 물리면 빠져나오는 것이 거의 불가능하단다. 그러나 입을 벌릴 때 사용되는 근육은 매우 약하다고 하는구나. 그래서 건강한 어른이 악어의 입을 꽉 잡고 있으면 입을 벌리지 못한다고 한단다.

특이한 것은 악어는 먹이를 먹을 때 눈물을 흘린다는 거야. 왜 눈물을 흘리는 걸까? 먹이가 불쌍해서일까? 슬퍼서일까? 당연히 아니겠지. 악어는 먹이를 씹을 때 눈물샘이 자극이 되는데, 그 결과로 눈물이 저절로 나는 거란다. 악어가 흘리는 눈물은 오히려 먹이를 잘 먹기 위한 것이지, 먹이를 위한 것이 아니란다.

- **남이 잘 안됐을 때 속으로는 좋아하면서 겉으로는 슬픈 척 해 본 적이 있니? 이렇게 겉과 속이 다르게 말하거나 행동하는 것을 뭐하고 할까?** (거짓, 위선, 외식)
- **오늘의 교훈은 무엇일까?** (아이들의 대답을 들어준 후, 오늘의 교훈을 따라하게 한다. – "위선을 버리라.")

3 단계: 성경 읽기 잠 26:24(주제: 악인은 겉과 속이 다르다)

4 단계: 대화

〈요절 설명〉 오늘 말씀은 겉과 속이 다른 위선자에 대한 말씀이란다. 여기서 '감정 있는 자'(개역한글)는 악한 감정을 품고 있는 위선자(개역개정, 현대인의성경)를 가리키지. 이런 사람은 입술로는 좋은 말을 하지만, 속으로는 나쁜 감정과 나쁜 생각을 품는 사람이란다. 성경은 이런 사람을 믿지 말라고 하는구나(잠 26:25).

〈남의 위선에 대한 처신〉 주변에서 이런 사람(혹은 친구)을 본 적이 있니? 이런 사람을 보면 기분이 어떠니? 세상에는 착한 사람도 있지만, 겉과 속이 다른 사람도 있단다. 겉으로는 그 사람을 위해 주는 척하지만, 속으로는 그 사람이 잘못 되기를 바라는 거지. 오늘 말씀은 이런 사람을 가리켜 악인(개역개정)이라고 한단다. 우리는 이런 사람들을 보고 기분 나빠할 필요는 없단다. 왜냐하면 결국 그 악함이 사람들에게 드러나게 되어 있고(26절), 하나님께서 심판하실 것이기 때문이야.

〈자신의 위선을 경계하라〉 우리가 더 주의해야 할 것은 우리 자신이 이런 사람(위선자)이 되지 않도록 하는 거란다. 입술로는 좋은 말을 하면서 속으로는 나쁜 마음을 품고 있는 거 말이야. OO는 이런 마음을 품은 적이 있니? 있다면 어느 때? (이야기를 들어주고) 때때로 믿는 사람들에게도 나쁜 마음이 생기기도 하지. 그러나 그때마다 하나님께 용서를 구해야 한단다. 안 좋은 일을 당한 친구가 있다면 가서 진심으로 위로해 줄 수 있어야 하고, 좋은 일을 당한 친구가 있다면 가서 진심으로 축하해 줄 수 있어야 한단다.

5 단계: 기도

- 친구에 대해서 나쁜 마음을 품은 적이 있다면 이 시간 용서를 빌고,
- 겉과 속이 한결같은 사람이 되게 해달라고 기도하렴.

10월 넷째 주

목표: 같은 실수를 반복하지 않도록 한다.

토한 것을 도로 먹는 개

– 미련한 것을 반복하지 말라

1 단계: 찬양 아이들과 함께 즐거운 찬양하기!

2 단계: 흥미유발 이야기

오늘은 사람과 가장 오랫동안 친숙하게 함께 지내온 동물에 대해서 살펴볼 거란다. 혹시 그 동물이 무엇인지 알겠니?

바로 개란다. 개는 기본적으로 주인에게 충성스러운 동물이지. 밖에서 집에 돌아오면 제일 먼저 꼬리를 흔들

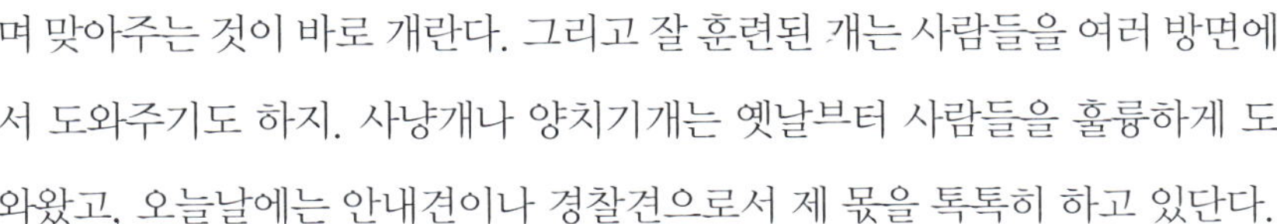

며 맞아주는 것이 바로 개란다. 그리고 잘 훈련된 개는 사람들을 여러 방면에서 도와주기도 하지. 사냥개나 양치기개는 옛날브터 사람들을 훌륭하게 도와왔고, 오늘날에는 안내견이나 경찰견으로서 제 몫을 톡톡히 하고 있단다.

참고로, 달마시안이라는 개는 옛날 미국에서 소방견으로 활약했다고 한단다. 말이 끄는 소방차가 갈 때 그 앞으로 달려가면서 사람들에게 비키라고 짖어대는 역할을 했지. 그리고 블러드하운드라는 개는 후각이 아주 뛰어나서 오늘날 미국 법정에서도 이 개의 후각을 증거로 채택해서 범인을 가려낸다고 한단다.

하지만 개는 가끔 이해할 수 없는 행동을 한단다. 아무리 귀여운 강아지라도 자기가 토한 것을 다시 먹는다는 거야. 왜 이런 행동을 하는 걸까? 어떤 사람은 다른 짐승으로부터 자신의 흔적을 없애기 위한 본능적 행동이라고 하고, 어떤 사람은 반대로 먹잇감들이 알아차리지 못하게 자신의 흔적을 없애는 거라고 주장하지. 또 어떤 사람은 사람에게 그 역겨운 냄새가 개에게는 맛있는 냄새일 수 있다고 주장한단다. 어쨌든 정확한 답은 아무도 모른다는 거야.

- **○○이는 자기가 토한 것을 다시 먹을 수 있니? 만약 아빠(엄마)가 네가 토한 것을 다시 먹으라고 한다면 기분이 어떻겠니?** (못 먹는다; 말도 안 되는 소리다; 어리석은 소리다.)
- **오늘의 교훈은 무엇일까?** (아이들의 대답을 들어준 후, 오늘의 교훈을 따라하게 한다. – "미련한 것을 반복하지 말자.")

3 단계: 성경 읽기 잠 26:11(주제: 미련한 것을 반복하지 말라)

4 단계: 대화

〈요절 설명〉 이스라엘의 위대한 왕이자 지혜로운 왕이었던 솔로몬은 개가 어떻게 행하는지를 잘 알고 있었단다. 아무리 영리한 개라도 자기가 토한 것을 도로 먹는 것이었지. 솔로몬은 미련한 것을 자꾸 반복하는 사람을 이런 개에 빗대어 설명하고 있는 거란다.

〈개와 같은 일〉 자기가 토한 것을 다시 먹는 것은 정말 역겹고 지저분한 일이지. 미련한 일을 반복하는 것도 이와 같다는 거란다. 그럼 어떤 것이 미련한 일일까? ○○이가 자주 하는 실수는 무엇일까? (생활 속에서 일어나거나 일어날 수 있는 일들을 예로 들어준다. 예를 들면, 물건을 자꾸 학교나 학원에 놓고 오거나 잃어버리는 일, 평소에 공부를 안 하고 자꾸 벼락치기를 해서 좋은 성적을 얻지 못하는 일, 하지 않겠다고 한 것을 또 하는 것 등등) 이러한 일들을 반복하는 사람을 가리켜 좀 냉혹한 표현일지 모르지만 솔로몬은 개와 같다고 했단다.

〈지혜로운 일〉 그렇다면 개와 같이 미련한 일을 반복하지 않으려면 어떻게 해야 할까? 물론 사람은 완벽하지 않기 때문에 때때로 실수하기 마련이란다. 그러나 같은 실수를 계속 반복하고 미련한 일을 거듭 행한다면, 그건 그냥 넘길 수 있는 문제가 아니겠지. 바로 잡아야 할 거야.

잠언 26:3에는 이런 말씀이 있단다. (함께 읽는다.) 한마디로 실수를 반복하면 때리라는 거야. 그러나 아빠(엄마)는 가능하면 대리는 일이 없기를 바란단다. 미련한 일을 반복하지 않는 가장 좋은 방법은 잠언 1:8에 있단다. (함께 찾아 읽는다.) 그러니까 엄마 아빠 말씀을 잘 들으면 된다는 거야.

예를 들면, 어떤 아이가 물건을 자꾸 놓고 다닌다면, 그 아이는 엄마 말씀을 마음에 깊이 새기지 않았기 때문이란다. 말씀을 잘 듣는다는 말은 그것을 마음에 깊이 새긴다는 말과 같단다(지금까지 부모님 말씀에 잘 따라준 것을 칭찬해 주고, 앞으로도 더욱 잘해서 부모의 기쁨이 되는 자녀가 되자고 이야기해 준다).

5 단계: 기도

- 미련한 일이나 실수를 반복하지 않게 해달라고 기도하고,
- 부모님 말씀을 잘 듣고 따르는 지혜로운 자녀가 되게 해달라고 기도하렴.

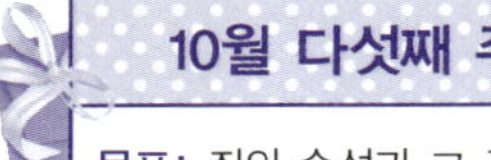

10월 다섯째 주

목표: 죄의 속성과 그 결과를 알게 한다.

자신의 피를 핥아먹다 죽는 **북극 늑대**

– 죄의 덫에 빠지지 말라

1 단계: 찬양 아이들과 함께 즐거운 찬양하기!

2 단계: 흥미유발 이야기

오늘은 북극에 사는 에스키모인이 늑대를 사냥하는 방법에 대해서 들려주려고 한단다. 에스키모인이 늑대를 어떻게 잡을까? 한번 나름대로 상상해볼까? (아이들의 대답을 들어준 후) 에스키모인이 늑대를 잡는 방법은 생각보다 간단하단다. 그러나 좀 잔인한 방법이기도 하지. 에스키모인은 늑대가 피를 좋아한다는 사실을 잘 알고 있단다. 늑대는 2킬로미터나 멀리 떨어진 곳에서도 피 냄새를 맡고 찾아올 수 있어.

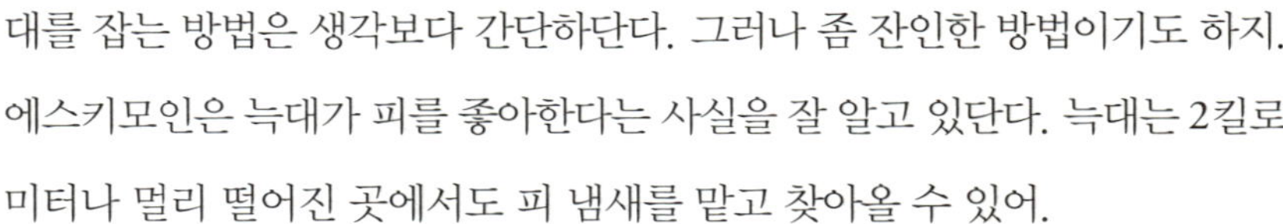

에스키모인은 먼저 날카로운 칼날에 동물의 피를 흠뻑 입히고 그것이 얼도록 놔둔단다. 그리고는 다시 한번 피를 입히지. 그것이 얼면, 또 피를 입히고 또 입혀서 칼날이 어느 정도 두툼해질 때까지 그렇게 한단다.

해질 무렵이 되면 에스키모인은 그 준비된 칼을 적당한 곳으로 가지고 가서 칼날을 위로 향하게 하고 손잡이 쪽을 얼음 위에 꽂아 움직이지 않도록 고정시킨단다. 그러면 한참 후 어디선가 피 냄새를 맡고 온 늑대들이 신선하게 언 피를 허겁지겁 핥아먹기 시작하지. 굶주린 늑대들이 피를 핥아먹는 속도는 점점 빨라지고 정신없이 피를 핥아먹는 동안 어느새 칼날이 드러나게 된단다. 그러나 늑대는 자리를 떠나지 않고 여전히 칼날에 흐르는 따뜻한 피를 계속 핥아먹고 있지. 그 따뜻한 피는 어디서 나온 것일까? 늑대는 피를 갈망하는 것이 너무 커서 자신의 혀가 칼날에 잘려나가고 거기서 흐르는 피가 자신의 피인 줄도 모른 채 그렇게 자기의 피를 핥아먹다가 결국 숨을 거두어 죽게 되는 거란다.

- 늑대는 칼날에 혀가 베일 때 아프지 않았을까? 왜 혀의 고통을 인식하지 못했을까? (혀의 고통보다 피를 탐닉하는 즐거움이 더 컸기 때문에)
- 오늘의 교훈은 무엇일까? (아이들의 대답을 들어준 후, 오늘의 교훈을 따라하게 한다. – "죄의 덫에 빠지지 말자.")

3 단계: 성경 읽기 약 1:14–16(주제: 죄의 삯은 사망이다)

4 단계: 대화

〈요절 설명〉 오늘 말씀에는 사람이 죄에 빠지는 이유가 나와 있단다. 바로 욕심 혹은 헛된 욕망을 따라 살게 되면 죄에 빠지게 된다는 거야. 그리고 죄를 짓고 회개하지 않으면 결국 죽을 수밖에 없다는 거지. 그래서 '죄의 삯은 사망'이라고 한 거란다.

〈죄의 결과〉 오늘 늑대의 이야기는 이것을 잘 설명해 주고 있지. 굶주린 늑대는 피에 대한 욕망으로 가득 차 더욱 세차게 칼날의 피를 핥아대었지. 완전히 욕망과 욕심의 노예가 되어버린 상태라고 볼 수 있을 거야. 오늘 말씀에서처럼 완전히 미혹되어 버린 거지.

그러나 그 결과는 어떻게 되었니? 욕망의 끝은 결국 죽음이었어. 죄의 끝도 마찬가지란다. 헛된 욕망을 추구하는 상태를 우리는 죄라고 말할 수 있어. 이렇게 죄에 빠져 살게 되면 우리는 알게 모르게 죄에 무감각해지고 결국에는 영혼도 파괴되어 버리는 거란다. 늑대처럼 말이야. 세상 사람들이 좇는 욕망은 무엇일까? (돈, 명예 등) 친구들이 좇는 욕망에는 무엇이 있을까? (온라인 게임, 핸드폰 게임, TV 등)

〈누가 덫을 놓았을까?〉 그럼, 이런 죄의 덫들은 누가 놓은 것일까? 오늘 요절 말씀 16절에는 '속지 말라'라고 나와 있지. 이것은 분명히 누군가가 우리가 죄의 덫에 빠지도록 속이고 있다는 것을 말해 주지. 누가 세상 사람들을 속이고 미혹하고 있을까? 바로 사단이란다. 사단은 곳곳에 사람들이 좋아할 만한 것들로 덫을 만들어 놓고 거기에 걸려들기만을 기다리고 있지. 그러므로 우리는 마귀의 꾀에 걸려들지 않도록 항상 깨어 있어야 한단다(마 26:41).

자녀가 청소년이라면 다음을 토론해 보라. 「사탄은 마침내 대중문화를 선택했습니다」(신상언 저)라는 책 제목이 있다. 이 말에 동의하는가? 왜 그렇게 생각하는가?

5 단계: 기도

- 에스키모의 늑대 사냥법의 영적 교훈을 마음속에 기억하게 하시고,
- 어리석은 욕망이 아니라 하나님의 거룩한 뜻을 따라 살게 해달라고 기도하렴.

지혜의 삶

- **꼬리를 끊어버리는 도마뱀** – 중요한 것을 위해 덜 중요한 것을 버리라
- **호기심 때문에 죽는 바다사자** – 쓸데없는 호기심을 버리라
- **눈꺼풀이 없는 뱀** – 매사에 항상 조심하라
- **타우르스 산의 입방정 두루ㅁ** – 입술을 제어하라

11월 첫째 주

목표: 인생에서 덜 중요한 것과 중요하지 않은 것들을 버릴 줄 아는 것이 지혜임을 알게 한다.

꼬리를 끊어버리는 도마뱀

– 중요한 것을 위해 덜 중요한 것을 버리라

1 단계: 찬양 아이들과 함께 즐거운 찬양하기!

2 단계: 흥미유발 이야기

오늘은 도마뱀에 대해서 살펴보기로 하자. 도마뱀은 종류가 아주 많단다. 약 5,000종의 도마뱀이 이 지구상에 살고 있다고 하는구나. 대부분 눈이 자유자재로 움직이고, 특이하게도 혀로 냄새를 맡는다고 한단다(뱀도 마찬가지).

도마뱀만이 가지고 있는 특수한 능력이 있단다. 그것은 아무리 가파르고 매끈한 벽이라도 그 위를 잘 기어 다닌다는 거야. 심지어 천장에서도 떨어지지 않고 잘 다니지. 어떻게 그것이 가능할까? (대답을 들어준 후) 그 비밀은 도마뱀의 발가락에 숨어 있단다. 과거 과학자들은 도마뱀의 발바닥에 접착제 같은 물질이 있기 때문이라고 생각했지.

그러나 최근 과학자들은 도마뱀의 발가락에 수없이 나있는 미세한 털들 때문이라는 것을 밝혀냈단다. 그 미세한 털들이 표면에 닿으면 표면을 잡아당기는 현상이 발생한다고 하는구나. 그래서 벽이나 천장에서도 떨어지지 않고 마음대로 다닐 수 있게 되는 거지.

도마뱀에게 놀라운 사실이 또 하나 있지. 도마뱀은 천적에게 꼬리가 잡히면 그 꼬리를 스스로 끊어버린다는 거야. 천적이 그 끊어진 꼬리에 당황하고 있는 사이에, 도마뱀은 신속하게 다른 곳으로 몸을 숨겨 목숨을 건질 수 있게 되는 거지.

- 천적에게 꼬리를 잡힌 도마뱀이 그 꼬리가 아까워서 잘라내지 않는다면 어떻게 될까? (잡혀서 죽게 된다; 잡아먹히게 된다.)
- 오늘의 교훈은 무엇일까? (아이들의 대답을 들어준 후, 오늘의 교훈을 따라하게 한다. – "중요한 것을 위해 덜 중요한 것을 버리다.")

3 단계: 성경 읽기 행 27:19(주제: 덜 중요한 것을 버리라)

4 단계: 대화

〈요절 설명〉 오늘 말씀은 바울 사도가 탄 배가 풍랑을 만났을 때 일어난 일이란다. 바울은 죄수의 몸으로 로마 병사들과 함께 배를 타고 로마로 향하고 있는 중이었지. 그런데 가는 중간에 심한 풍랑을 만난 거야. 배가 풍랑을 만나면 높은 파도와 바람에 이리저리 기울다가 가라앉게 될 수가 있단다. 그래서 선원들은 배의 무게를 줄이기 위해 배의 물건들을 재빨리 버려야 한단다. 지금 우리가 읽은 구절이 바로 그런 상황을 말해주고 있는 거야. 살기 위해서는 중요한 물건들이더라도 그것들을 버려야 하는 거지.

〈위기상황 속의 지혜〉 도마뱀도 위기 상황에서 자신의 꼬리를 잘라내고 도망가지. 도마뱀에게 꼬리는 아주 중요한 것이란다. 벽을 잘 기어오르려면 발가락의 미세한 털뿐 아니라 꼬리로 몸의 균형을 잡아줘야 하거든. 꼬리가 없으면 균형을 잃고 떨어지고 말거야. 그런데도 도마뱀은 그 꼬리를 잘라내고 도망가 버리지. 왜일까? 바로 더 중요한 목숨을 지키기 위해서지.

풍랑을 만난 배도 마찬가지란다. 거친 폭풍이 몰아치면, 배 안에 있는 물건들은 오히려 방해가 되지. 그것이 금이든 은이든 값비싼 보물이든 그것들이 아주 중요한 것들이긴 하지만, 풍랑 속에서는 과감히 버리는 것이 곧 지혜로운 행동이란다.

〈일상생활 속의 지혜〉 이렇게 위기 상황 속에서 중요한 것도 더 중요한 것을 위해 버리는 것이 지혜라면, 우리 삶속에 널려있는 중요하지 않은 것들은 어떻게 해야 할까? 의외로 사람들은 중요하지 않은 것들에 몰두하는 경향이 있단다(적절한 예들을 제시해 주라. 예를 들면, 밤늦게 친구들과 만나 술을 마시는 어른들, 컴퓨터 게임에 빠져있는 학생들, 멋 부리기, 친구에 대한 시기심과 질투 등). 이런 것들은 우리 인생에서 정말 중요하지 않은 것들이야. 살아가면서 전혀 도움이 되지 않는 것들이지. 이런 것들을 우리 인생에서 잘라내는 것이 곧 지혜로운 행동이란다.

우리 인생에서 중요하지 않은 것들에는 또 어떤 것들이 있을까?

5 단계: 기도

- 위기나 응급 상황을 만나면 지혜롭게 행동하게 하시고,
- 인생에서 중요하지 않은 것들을 과감히 잘라낼 수 있는 용기를 달라고 기도하렴.

11월 둘째 주

목표: 잘못된 호기심이 죄의 길로 빠지게 할 수 있음을 알고 스스로 경계하게 한다.

호기심 때문에 죽는 **바다사자**

– 쓸데없는 호기심을 버리라

1 단계: 찬양 아이들과 함께 즐거운 찬양하기!

2 단계: 흥미유발 이야기

오늘 살펴볼 동물은 (그림을 보여주며) 바다사자야(가족이 바다사자 쇼를 본 적이 있다면, 그때의 기억으로 대화를 시작해보라). 바다사자는 재주를 아주 잘 부리는 동물이란다. 공을 코로 받아서 튀기기도 하고 패스하기도 하지. 또 조련사의 신호에 따라서 자리에 앉기도 하고 장애물을 뛰어넘기도 한단다. 지느러미를 흔들어서 사람들에게 인사하기도 하고 말이야.

바다사자는 먹이를 찾아서 바다 속 300미터 아래까지 잠수할 수도 있고, 최대 40분까지 물 속에서 머무를 수 있다고 하는구나.

바다사자는 훈련받는 것을 아주 좋아한다고 한단다. 그 이유가 무엇일까? (대답을 들어준 후) 조련사들은 그 이유를 바다사자의 타고난 호기심 때문이라고 말한단다. 그래서 새로운 것을 해보고 새로운 곳에 가보는 것을 좋아한다는 거야.

그런데 때때로 바다사자는 그 호기심 때문에 목숨을 잃게 되기도 한다는구나. 1800년대에 뉴질랜드에서 실제로 일어났던 일이란다. 그 당시에 여러 나라의 사냥꾼들이 뉴질랜드에 들어와서는 바다사자를 마구잡이로 포획

해 갔단다. 끊임없는 사냥꾼들의 포획에 바다사자의 수가 줄어들게 되었고, 끝내 뉴질랜드 정부는 바다사자를 보호하기 위해 사냥을 금지하게 되었지.

그런데 생각지도 못한 문제가 발생했단다. 바다사자들이 어이없이 죽어나가기 시작한 거야. 그 이유는 이렇단다. 약 100년 전에 프랑스 사람들이 야생 토끼를 그 지역에 들여왔었다고 한단다. 토끼는 땅 속에 굴을 파고 살지. 그런데 호기심 많은 어린 바다사자가 굴 속에 무엇이 있나 하고 살피다가 뒤에 있던 두어 마리가 더 가세해서 점점 굴 안쪽으로 밀려들어가게 되는 거야. 두어 마리의 어린 바다사자들은 그 좁은 굴 통로에 끼어서 빠져나오지 못하고 있다가 결국 질식해서 죽는다는 거야.

- **바다사자를 보호하려고 했던 뉴질랜드 사람들은 어린 바다사자들이 어처구니없이 죽어가는 모습을 보면서 마음이 어땠을까?** (슬펐을 것이다; 어이없었을 것이다.)
- **오늘의 교훈을 생각해 보자. 무엇일까?** (아이들의 대답을 들어준 후, 오늘의 교훈을 따라하게 한다. – "쓸데없는 호기심은 금물!")

3 단계: 성경 읽기 살전 5:22(주제: 악한 것은 따라하지도 말라)

4 단계: 대화

〈요절 설명〉 오늘 말씀은 믿음의 사람들이 어떻게 살아야 하는지 아주 짧고 분명하게 말씀해 주고 있단다. 악한 것은 흉내도 내지 말라는 거야. 왜냐하면 우리 인간은 너무 약해서 악한 것을 따라하다가 자신도 모르게 죄에 빠져 버릴 수가 있거든. 하나님은 우리가 죄의 사람이 아니라 온전한 사람이 되기를 바라신단다. 23절 말씀도 읽어보자꾸나.

〈호기심의 순기능〉 호기심은 좋은 것일까, 나쁜 것일까? 호기심은 마치 칼과 같단다. 날카로운 칼이 의사의 손에 들려지면 그것은 생명을 살리는 수술칼이 되지만, 강도의 손에 들려지면 사람을 해치는 칼이 되지.

호기심도 마찬가지란다. 호기심이 좋은 의도를 가진 사람에게 작용하면 그것은 사람을 살리고 사회를 발전시키는 좋은 도구가 되지. 그러나 호기심이 잘못 사용되면 그것은 도리어 인간을 해치는 무서운 도구가 되는 거란다.

그렇다면 호기심이 좋게 작용하는 경우에는 어떤 경우가 있을까? (과학과 기술의 발전, 무엇을 더 알고자 할 때에도 호기심이 있는 사람이 더 열심히 하게 되고 더 좋은 결과를 낳게 됨.)

〈호기심의 역기능〉 그러나 호기심이 나쁘게 작용하면 도리어 사람에게 해가 될 수 있단다. 사람들이 죄에 빠지게 되는 이유 중에 하나가 바로 이 쓸데없는 호기심 때문이지. 도박에 중독된 사람들의 예를 들어볼까? 그들이 처음부터 도박을 좋아하지는 않았을 거야.

그러나 주변 사람들이 도박 게임에 참여하는 모습을 보면서 호기심이 생겼겠지. '재밌나 보네? 나도 한번 해볼까?'하면서 말이야(다른 예를 들면서 적용점을 넓혀주라. 예: 담배, 술, 음란물 등등). 결국 호기심 때문에 목숨을 잃는 어린 바다사자들처럼 호기심 때문에 죄에 빠지게 되는 거란다. 이런 호기심이 생길 때는 오늘 말씀을 기억하기 바래. "악은 어떤 모양이라도 버리라!"

5 단계: 기도

- 악은 어떤 모양이라도 버리게 하시고,
- 선한 호기심으로 하나님을 더욱 알아가는 자녀가 되게 해 달라고 기도하렴.

11월 셋째 주

목표: 뱀의 지혜가 무엇인지 알고, 매사에 조심하는 자세를 갖게 한다.

눈꺼풀이 없는 **뱀**

– 매사에 항상 조심하라

1 단계: 찬양 아이들과 함께 즐거운 찬양하기!

2 단계: 흥미유발 이야기

사람들이 아주 싫어하는 동물이 있지. 어떤 사람은 이것을 애완동물로 키우기도 하지만, 대부분은 아주 징그러워하고 무서워하지. 이 동물은 무엇일까? 바로 뱀이란다. 팔 다리 없이 배로 기어 다니는 모습이 흉물스럽기도 하고, 또 대부분의 뱀이 독을 갖고 있으니 사람들에게 호감을 살 리가 없지. 특히 독사에게 한 번 물리면, 몸속의 혈액세포가 파괴되고, 간과 신장에 손상을 입게 된다고 하는구나. 그래서 빨리 조치를 취하지 않으면 목숨이 위태로워지고, 최악의 경우 죽기까지 하는 거란다.

그런데 이런 뱀에게도 우리가 한 가지 배울 점이 있단다. 뱀도 하나님의 창조물이고, 하나님께서는 창조를 마치시며 보기 좋았더라고 하셨지(창 1:25). 또한 예수님께서도 뱀처럼 지혜로워야 한다고 말씀하셨고(마 10:16). 이것은 뱀에게도 분명히 배울 점이 있다는 것을 의미하는 거란다.

뱀의 특이한 특징 중에 하나는 뱀은 절대 눈을 감지 않는다는 거야. 아니 감을 수 없다는 말이 더 정확한 표현일 거야. 눈꺼풀이 없으니까 말이야. 뱀은 눈꺼풀이 없어서 1년 365일, 하루 24시간 내내 눈을 뜬 채로 살아간단다.

잠도 물론 눈을 뜬 채로 자고.

그럼, 여기서 한 가지 의문이 생긴단다. 뱀은 어떻게 눈을 보호할까? 눈은 항상 촉촉하게 젖어 있어야 하고, 먼지 같은 것도 제거해줘야 하는데 말이야. (대답을 들어준 후) 뱀은 껌뻑일 수 있는 눈꺼풀이 없는 대신 투명한 비늘이 눈 위를 덮고 있단다. 이 비늘은 뱀이 허물을 벗을 때 같이 벗겨지고 또 다시 생겨나지. 어쨌든 뱀은 낮잠을 잘 때에도 주변의 사물을 계속 응시하면서 잠을 자게 된단다. 물론 잠을 자던 뱀은 낙엽 같은 것이 떨어지는 것을 본다 해도 움직이지 않지. 생명을 위협하는 움직임이 아니니까 말이야.

- 그러면, 생명을 위협하는 것(독수리, 코요테, 매 등)의 움직임이 포착되면 낮잠을 자던 뱀은 어떻게 할까? (깨어나서 신속하게 안전한 곳으로 이동한다.)
- 우리가 뱀의 이 특성을 통해 배울 수 있는 교훈은 무엇일까? (아이들의 대답을 들어준 후, 오늘의 교훈을 따라하게 한다. – "매사에 항상 조심하자.")

3 단계: 성경 읽기 잠 19:16(주제: 행실에 주의하라)

4 단계: 대화

〈요절 설명〉 오늘 말씀에서 '계명'이란 하나님의 말씀을 가리킨단다. 곧 하나님의 말씀을 따라 살 때 우리의 영혼이 잘 된다는 거야. 또한 '삼가다'는 말은 '주의하다', '조심하다'라는 뜻이란다. 곧 매사에 주의하지 않으면 생명을 잃을 수도 있다는 말이지.

〈뱀의 지혜는 무엇?〉 예수님께서는 뱀처럼 지혜로우라고 말씀하셨지. 예수님은 뱀의 어떤 속성을 배우라고 하신 말씀일까? (대답을 들어준 후) 이것은 유대인들이 전통적으로 지혜를 어떻게 생각해 왔는지를 알아야 풀리는 문제란다. 유대인들은 지혜의 가장 큰 덕목 중의 하나로 '매사에 조심하는 것'(주의하는 것)을 꼽아왔단다. 오늘 요절 말씀도 잠언에 나오잖니. 잠언은 지혜서라고도 불리고. 곧 예수님께서 뱀을 통해 배우라고 했던 지혜는 바로 항상 조심하는 자세였던 거야.

〈주의해야 할 것들〉 뱀은 24시간 눈을 뜨고 있으면서 주변에 위험 요소가 있나 없나 항상 살피지. 물론 우리가 뱀처럼 24시간 눈을 뜨고 있을 수는 없지. 그러나 우리는 항상 조심하는 자세를 가져야 한단다. 그렇지 않으면 오늘 말씀처럼 목숨을 잃을 수도 있거든.

만약 자동차를 운전하는 사람이 매순간 조심하지 않는다면 어떻게 될까? (대답을 들어준 후) 운전 중 사고는 대부분 부주의 때문에 일어난단다. 이것 때문에 목숨을 잃기도 하지. 마찬가지로, 도로를 건널 때나 계단을 오르내릴 때에도 항상 주의해야 한단다(이 외에도 실생활에서 주의해야 할 상황들을 예로 들어주라).

그러나 무엇보다 주의해야 할 것이 있단다. 그것은 나의 행실이 남에게 피해가 되지 않도록 주의하는 거야. 우리 예수님 믿는 사람들은 자기 자신을 위하는 만큼 다른 사람도 위할 줄 알아야 한단다.

5 단계: 기도

- 매사에 조심하는 자세(지혜)를 갖게 하시고,
- 나의 행실이 남에게 누(해)가 되지 않도록 주의하는 자세를 갖게 해달라고 기도하렴.

11월 넷째 주

목표: 때론 하고 싶은 말을 참는 것이 삶의 지혜임을 알게 한다.

타우르스 산의 입방정 두루미

– 입술을 제어하라

1 단계: 찬양 아이들과 함께 즐거운 찬양하기!

2 단계: 흥미유발 이야기

두루미는 생김새가 어떻게 생겼을까? (그림을 보여주며) 두루미는 이렇게 학처럼 생겼지. 아니 정확히 말하면, 학이 곧 두루미란다. 학은 한자어이고, 두루미가 순우리말이지. '뚜루루, 뚜루루' 운다고 해서 이름이 두루미가 되었다고 하는구나. 오늘은 두루미에 대한 이야기란다.

터키라는 나라의 남쪽에는 타우루스라는 높은 산맥이 (지중해) 해안을 따라 길게 펼쳐져 있지. 이곳은 독수리의 서식지로도 유명하단다. 그런데 이곳의 독수리들이 포식하는 때가 있어. 바로 두루미들이 산을 넘어갈 때지. 왜 이때가 독수리들의 포식 시간일까? (아이들의 대답을 들어주고)

여기에는 특별한 이유가 있단다. 두루미는 원래 날면서 소란스럽게 떠들기를 좋아하지. 두루미가 어떻게 운다고 그랬지? 그래, '뚜루루, 뚜루루.'

두루미가 하늘을 날면서 이렇게 내는 시끄러운 소리는 산 전체에 울려 퍼지게 되지. 그러면 가만히 앉아 있던 독수리가 그 소리를 듣고 쫓아가서 두루미를 잡아먹게 되는 거야. 그런데 경험이 많은 노련한 두루미는 독수리에게 발각되지 않고 안전하게 산을 넘는다고 하는구나.

- **이 노련한 두루미들이 사용하는 방법은 무엇일까?** (경험 많은 두루미들은 입에 돌멩이를 힘껏 물고 산을 넘는다. 이렇게 하면, 돌 때문에 소리를 내지 못해 독수리에게 발각되지 않고 무사히 산을 넘을 수 있게 된다.)
- **오늘의 교훈은 무엇일까?** (아이들의 대답을 듣고 격려해 준 후, 오늘의 교훈을 따라하게 한다. – "필요 이상의 말을 하지 말라" 혹은 "입방정은 금물")

3 단계: 성경 읽기 잠 10:19(주제: 입술을 제어하라)

4 단계: 대화

〈요절 설명〉 오늘 요절 말씀은 너무 말이 많은 것에 대해서 주의를 주고 있단다. 말이 많으면 그만큼 실수도 많아지지. 때론 하지 말아야 할 말도 하게 되고, 다른 사람의 허물을 들춰내서 그 사람의 마음을 아프게 할 수 있지. 그래서 결국 자기 자신의 미성숙함만 드러내는 꼴이 되고 만단다.

그러나 지혜로운 사람은 어떻겠니? 말을 함부로 하지 않지. 다시 한 번 오늘 요절을 읽어 볼까?

〈입방정은 금물〉 말이나 행동이 찬찬하지 못하고 몹시 까불어대는 것을 가리켜 '방정맞다'(순우리말)라고 하지. 그럼, 한 가지 문제를 낼게. '방정하다'라는 말은 무슨 뜻일까? (아이들의 대답을 듣고) '방정(方正)하다'는 완전히 다른 뜻이지. 말이나 행동이 바르고 점잖다는 뜻이란다. 주로 '누구누구는 품행이 방정하다'라고 표현을 하지.

그리고 입이 방정맞다고 해서 '입방정'이라는 표현도 쓰지. 주로 입방정이 센 사람은 상대방의 상황을 생각하지 않고 막무가내로 말하기 때문에 그 사람에게 직접적으로 상처를 주거나 다른 누군가를 곤란에 빠뜨리게 한단다.

그래서 사람들은 입방정이 센 사람하고는 가까이 하려고 하지 않지. 너희는 혹시 말을 많이 하다가 실수로 다른 사람의 마음을 아프게 한 적이 있니? 그 때의 기분이 어땠니?

〈입술 제어〉 오늘 이야기 속의 노련한 두루미는 안전하게 타우루스 산을 넘는 방법을 알고 있었지. 그게 뭐였지? 그래, 돌을 입에 물고 하늘을 나는 거야.

우리도 때때로 입을 다물어야 할 때가 있단다. 사탄은 부주의한 나의 말을 이용해서 사이좋았던 관계를 깨뜨리기 때문이야. 그러므로 우리는 무슨 말을 하기 전에 주의 깊이 생각해 보는 습관을 가질 필요가 있는 거란다. 이런 사람이 바로 지혜로운 사람이란다.

5 단계: 기도

- 두루미를 통해 좋은 교훈을 얻게 하신 하나님께 감사드리고,
- 무슨 말을 하기 전에 주의 깊이 생각하는 사람이 되게 해 달라고 기도하렴.

영적인 삶

- 배의 밑바닥에 붙는 조개삿갓 – 하나님 안에 거하라
- 목자를 절대적으로 필요로 하는 양 – 예수님을 따르라
- 물 속에서도 물에 젖지 않는 오리 – 예수님으로 옷 입으라
- 장엄한 미션을 수행하는 연어 – 예수님을 닮아가라

12월 첫째 주

목표: 마음을 깨끗케 하고 하나님 안에 거하는 방법을 알게 한다.

배의 밑바닥에 붙는 조개삿갓

– 하나님 안에 거하라

1 단계: 찬양 아이들과 함께 즐거운 찬양하기!

2 단계: 흥미유발 이야기

(그림을 보여주며) 바닷가에서 이런 것을 본 적이 있니? 이름이 무엇일까? 조개삿갓이라고 한단다. 조개삿갓은 세상에서 가장 강한 부착력을 가진 생물이기도 하지. 조개삿갓이 한 번 바위에 붙으면 사람의 힘으로는 절대로 떼어낼 수가 없다고 하는구나(참고: 조개삿갓은 마치 인간이 시속 500킬로미터의 폭풍 속에서 흔들리지 않고 서 있는 것과 맞먹는 힘으로 붙어 있다고 한다).

그런데 이 조개삿갓이 심각한 문제를 일으킬 때가 있다고 한단다. 조개삿갓은 붙어 있을 수 있는 곳에는 다 붙어 살거든. 특히 조개삿갓이 잘 붙어 사는 곳이 배의 밑바닥이란다. 그런데 배의 밑바닥에 붙어있는 조개삿갓의 수가 많아지면 배가 점점 무거워져서 배의 안전에 문제가 생긴다는 거야. 그래서 항상 정기적으로 배의 밑바닥에 붙어있는 조개삿갓들을 제거해야 하지.

그럼, 여기서 문제 하나 낼까? 배의 밑바닥에 붙어있는 조개삿갓을 제거하는 가장 좋은 방법은 무엇일까? (아이들의 대답을 들어준 후) 조개삿갓은 세상에서 가장 강력한 부착력을 가지고 있다고 했지. 그래서 조개삿갓을 제거하기 위해 어떤 도구를 사용한다면 오히려 배를 상하게 만들 수 있단다.

그러나 배를 상하게 하지도 않으면서 동시에 조개삿갓을 완전히 제거할 수 있는 방법이 있지. 그건 바로 소금기가 없는 맑은 물에 배를 몰고 가서 한참동안 닻을 내려놓는 거란다. 그러면 조개삿갓은 제풀에 떨어져 나가기 시작하지.

- 만약 조개삿갓이 OO이 몸에 붙어 있다면 기분이 어떨까? 그것을 제거하려면 어떻게 해야 할까? (기분이 좋지 않을 것이다. 맑은 물에 오랫동안 들어가 있는다.)
- 우리 안에 있는 죄의 찌꺼기를 제거하려면 어떻게 해야 할까? (아이들의 대답을 듣고 격려해 준 후) (이것이 바로 오늘의 교훈이란다. 함께 따라해 볼까? – "하나님 안에 거하라.")

3 단계: 성경 읽기 시 51:10(주제: 마음을 깨끗케 하시는 분, 하나님)

4 단계: 대화

〈요절 설명〉 오늘 말씀은 다윗이 하나님께 드린 기도문 중에 한 구절이란다. 다윗은 지금 무엇을 구하고 있지? (자녀의 대답을 들어준 후) 그래, 깨끗한 마음을 달라고 기도하고 있지. 다윗 같이 훌륭한 사람도 마음속에 있는 죄를 없게 해 달라고 간절히 기도했단다.

그런데 이 구절에서 가장 중요한 단어가 무엇일까? 바로 맨 처음에 나오는 '하나님'이라는 단어란다. 다윗은 지금 누구에게 기도하고 있지? (하나님) 그래, 기도는 바로 하나님께 하는 거란다.

〈죄를 제거하는 방법: 하나님 안에 거하라〉 배에 붙은 조개삿갓을 제거하려면 맑은 물에 배의 밑바닥을 오랫동안 담가 놓아야 한다고 했지. 마찬가지로, 우리가 마음속에 있는 죄의 찌꺼기를 제거하려면 맑은 물과 같으신 하나님 안에 오래 거하는 시간을 가져야 한단다. 하나님과 오랜 시간 함께 있게 되면, 우리 안에 있던 죄와 잘못된 생각들이 다 사라지게 되지. 더러웠던 마음이 깨끗한 마음으로 새롭게 창조되는 거야.

〈하나님 안에 거하는 방법: 기도〉 그럼, 어떻게 하나님 안에 거할 수 있을까? (아이들의 대답을 들어준 후) 그래, 바로 기도를 통해서 우리는 하나님 안에 거할 수 있는 거란다. 우리가 '하나님'이라고 부르는 순간, 우리는 하나님과의 대화 속으로 들어가게 되지. 그 속에서 나의 잘못을 말씀드리고 간절히 용서를 구할 때 하나님의 위로하시는 손길을 느끼게 된단다. 그 하나님의 사랑스런 품 안에 오랫동안 거하면 거할수록 우리의 마음은 정금과 같이 깨끗해지는 거야(자녀가 청소년이라면, 찬양곡 '나의 마음을 정금과 같이'를 함께 부르고 기도로 넘어간다).

5 단계: 기도

- 조개삿갓이 주는 교훈을 항상 기억하게 하시고,
- 날마다 하나님 안에 거하며 살게 해달라고 기도하렴.

12월 둘째 주

목표: 인간의 무능함과 예수님의 구원하심을 깨닫게 한다.

목자를 절대적으로 필요로 하는 양

– 예수님을 따르라

1 단계: 찬양 아이들과 함께 즐거운 찬양하기!

2 단계: 흥미유발 이야기

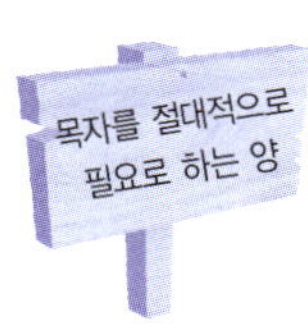

오늘은 성경에서 가장 많이 등장하는 동물에 대해 살펴보기로 하자꾸나. 성경에서 500회 이상이나 등장하는 이 동물이 무엇인지 알겠니? (그림을 보여주며) 바로 양이란다. 성경에서 양은 아주 중요한 동물이란다. 생계를 위해서 중요했고, 또 제사를 드릴 때도 중요한 동물이었지.

그런데 사실 양만큼 무능력한 동물도 세상에 없단다. 양은 자기 자신을 지킬 수 있는 힘이나 능력을 가지고 있지 않지. 치타처럼 빨리 달리지도 못하고, 스스로 푸른 풀밭을 찾지도 못한단다. 한 번 뒤집어지면 혼자 힘으로 일어서지도 못하고, 겁이 많아서 짐승 소리가 한 번 나면 우르르 도망 다니기 바쁘지. 잘 훈련된 양치기개 한 마리가 수백 마리의 양떼를 한 곳으로 몰 수 있는 이유도 바로 이 때문이란다.

또 만약 양이 무리에서 떠나 혼자 남겨지면 반드시 길을 잃게 되어 있단다. 시력이 약해서 양들이 어디로 갔는지 알 수 없거든. 혼자 딴 길로 가다가 위험한 절벽에 이르기도 하고, 가시넝쿨 숲에 갇히기도 한단다. 목이 마르면 그냥 더러운 웅덩이 물도 마셔버리고 나중에는 병에 걸려 죽기도 하지.

보통 양을 그려보라고 하면 하얀 색의 깨끗한 털을 가진 양을 그리지. 그러나 실제로 양은 깨끗한 동물이 아니란다. 양은 피부에서 라놀린이라는 기름이 나오는데, 이 기름이 양털과 엉키면서 주변의 흙과 먼지를 달라붙게 하지. 자연히 평상시의 양은 먼지와 흙, 배설물로 뒤덮힌 더러운 모습을 하고 있단다.

- 길을 잃은 양이 살 수 있는 방법은 무엇일까? (목자가 찾아와서 데려가야 한다.)
- 오늘의 교훈을 생각해 보자. 무엇일까? (아이들의 대답을 듣고 격려해 준 후, 오늘의 교훈을 따라하게 한다. – "우리의 목자 되신 예수님")

3 단계: 성경 읽기 사 53:6(주제: 양 같은 우리를 구원하러 오신 예수님)

4 단계: 대화

〈요절 설명〉 오늘 말씀은 이사야 선지자가 예수님이 오시기 700여년 전에 예언한 말씀이란다. 여기서 이사야는 죄를 범한 이스라엘 백성이 양처럼 각기 제 길로 떠나갔음을 얘기하고 있지. 양이 목자 없이 자기가 가고 싶은 길로 가면 어떻게 된다고 했지? 목자가 일찍 찾지 못하면 그 양은 죽게 되어 있단다. 사고로 죽든 짐승에 잡혀 죽든.

죄 가운데 있는 모든 인간이 이와 같다는 거란다. 우리에겐 반드시 우리에게 찾아와서 우리를 살려주실 누군가가 필요한데, 그분이 바로 하나님의 아들 예수님이라는 거야.

〈양과 같은 무능한 존재〉 양은 자기 힘으로 아무것도 할 수 없는 아주 무능력한 동물이라고 했지. 사실 우리 인간도 마찬가지란다. 아무리 과학기술이 발달하고 많은 지식을 쌓아올렸다고 해도 인간은 여전히 무능한 존재란다. 지진이나 태풍이 일면 가만히 앉아서 당할 수밖에 없는 존재가 우리 인간이잖아(실제 일어났던 지진이나 쓰나미, 태풍의 피해 사례들을 예로 들어준다). 무엇보다도 문제는 죄로부터 우리가 스스로를 구원할 수 있는 방법이 없다는 거야.

이사야는 우리가 양과 같이 각기 제 길로 갔다그 했지. 맞는 말이란다. 인간은 자꾸 자기 생각과 자기 뜻대로 살려고 하지. 하나님 뜻이 아닌, 자기 뜻대로 사는 것이 곧 죄라고 할 수 있단다. 이런 상터에서 계속 살게 되면 양과 같이 죽을 수밖에 없는 존재가 바로 우리 인간이라는 거야.

〈목자 되신 예수님〉 각기 제 길로 가서 길을 잃은 양이 살 수 있는 방법은 목자가 빨리 찾아와서 구출해주는 수밖에 없지. 우리 인간도 마찬가지란다. 죄 가운데 길을 잃고 헤매고 있는 우리가 살 수 있는 방법은 누군가가 찾아와서 구원해 주어야 된다고 했지. 그분이 바로 우리 예수님이시란다.

그런데 우리는 여기서 그 구원의 방법에 대해 생각해 봐야 한단다. 예수님이 우리를 구원해내시기 위해 어떻게 하셨는지 아니? 우리가 짊어져야 했던 우리의 죄를 예수님이 대신 짊어지시고 우리를 위해 대신 죽어주신 거야. 죄값을 대신 치러주신 거지. 우리는 이 선한 목자 되신 예수님을 구주로 마음속에 모셔들임(영접)으로써 구원을 얻게 되는 거란다.

5 단계: 기도

- 양과 같이 무능한 존재임을 고백하고,
- 목자 되시고 구주 되시는 예수님을 따르고 의지하며 살게 해달라고 기도하렴.

12월 셋째 주

목표: 크리스천으로서 세상에 물들지 않고, 오히려 세상을 이기는 방법을 알게 한다.

물 속에서도 물에 젖지 않는 오리

– 예수님으로 옷 입으라

1 단계: 찬양 아이들과 함께 즐거운 찬양하기!

2 단계: 흥미유발 이야기

꽥꽥! 꽥꽥! 어떤 동물의 소리일까? 그래, 오리 소리야. 오리는 연못이나 강가에 가면 쉽게 볼 수 있는 동물이지. 그리고 뒤뚱뒤뚱 걷는 모습이 우스꽝스럽고 재미있어서 만화 캐릭터(도날드 덕)로도 등장하는 아주 친근한 동물이란다.

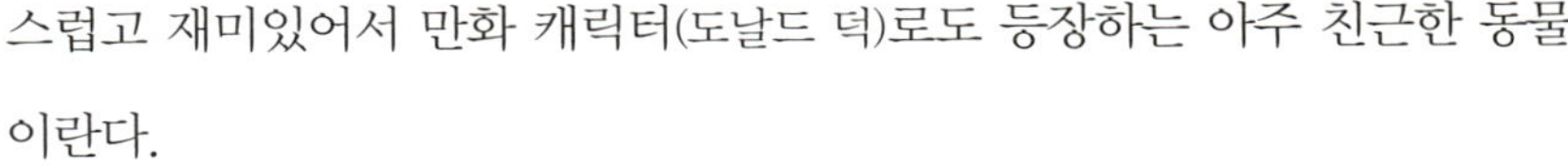

오리는 잡식성이라 아무거나 잘 먹는단다. 튼튼한 부리로 여기저기 뒤적거리면서 풀이며 곤충, 씨, 과일 등을 집어 삼키고, 물 속에서는 작은 물고기를 순식간에 낚아채는 사냥의 명수란다.

오리는 추운 겨울날에도 차가운 물에서 수영을 할 수 있단다. 그 이유가 무엇인지 아니? (대답을 들어주고) 오리의 발에는 신경이나 혈관이 없다고 하는구나. 쉽게 말하면, 통증을 느끼지 못하는 거야. 그래서 물이 아무리 차가워도 오리에게는 문제될 게 없는 거란다.

오리에게서 우리가 오늘 눈여겨 봐야 할 것은 바로 깃털이란다. 오리의 깃털은 물에 젖지 않는다고 하는구나. 꼬리 부분에 기름 성분의 물질이 나오는 기름샘(분비선)이 있는데, 부리로 깃털을 다듬으면서 이 기름을 온몸에 바르다는 거야. 그러면 그 기름 성분으로 인해서 물의 흡수가 차단되는 거지. 결국 오리는 물 속에 있으면서도 물에 젖지 않게 되는 거란다.

- 만약 오리가 꼬리에서 분비되는 기름 성분의 물질을 온몸에 바르지 않고 물에 들어가면 어떻게 될까? (깃털이 물에 젖을 것이다; 온몸이 물에 젖어 헤엄을 칠 수 없을 것이다; 물에 빠져 죽을 수도 있다.)
- 오늘의 교훈은 무엇일까? (아이들의 대답을 들어준 후, 오늘의 교훈을 따라하게 한다. – "세상에 물들지 말자! 예수 그리스도로 옷 입자!")

3 단계: 성경 읽기 롬 13:14(주제: 예수 그리스도로 옷 입으라)

4 단계: 대화

〈요절 설명〉 오늘 말씀은 세상에 살면서 어두움(죄)에 물들지 않는 방법을 가르쳐주고 있단다. 바로 예수 그리스도로 옷을 입는 거야. 옷은 무슨 역할을 하지? 몸을 따뜻하게 유지해주고 보호해주는 역할을 하지. 생각해 봐. 추운 겨울에 옷을 따뜻하게 입고 다니지 않으면 곧 감기에 걸리고 말거야. 또 군인이 옷을 입지 않고 훈련에 참가하게 되면 여기저기 긁히고 찢기고 온통 상처투성이가 될 거야. 산에 오르려면 등산복이 필요하고 바닷물에 들어가려면 잠수복이 필요하듯이, 그리스도인이 세상에서 성공적으로 살려면 예수님으로 옷을 입어야 하는 거란다.

〈세상, 바로 보기〉 세상에는 좋은 것들도 많지만 나쁜 것들도 많단다. 우선 좋은 것들에는 어떤 것들이 있을까? (대답을 들어주고) 병원이나 경찰, 구급대원들은 세상에서 좋은 일들을 하지. 또 과학과 기술도 좋은 것일 거야. 그것들의 발달로 오늘날 사람들은 옛날보다 훨씬 편하게 살고 있으니까. 이렇게 생각해보면 세상에는 좋은 것들이 아주 많단다.

그러나 다른 한편으로는, 나쁜 것들도 많이 있어. 어떤 것들이 있을까? (대답을 들어주고) 무엇보다 세상의 나쁜 점은 악을 행하는 사람들의 마음일 거야. 세상의 많은 사람들은 자기의 마음이 시키는 대로 행동을 한단다. 그래서 남을 시기하고 못살게 굴고 거짓말하는 일들이 생기는 거야(어른들의 세계는 더욱 악함을 설명해주라: 예를 들면, 자신의 이익을 위해 남을 이용해 먹는다; 술과 담배로 몸을 해친다; 친한 친구와 친척 사이에서도 사기와 배신이 일어난다; 방탕한 길로 가도록 유혹한다 등등).

〈세상 속의 그리스도인〉 그런데 문제는 예수님의 제자로서 우리는 이런 악한 세상에서 살아가야 한다는 거란다. 착하게 살고 싶고 거룩하게 살고 싶은데, 우리가 살고 있는 이 세상이 그렇지 않다는 거야. 안 좋은 말로 상처받기도 하고, 그럴듯한 말로 유혹받기도 하지. 이런 세상에서 우리 그리스도인은 어떻게 세상 사람들보다 성공하면서 살 수 있을까? 바로 예수님으로 옷을 입는 거란다. 예수님으로 옷을 입고 살아가면 세상에 살면서도 세상에 물들지 않고, 오히려 세상의 것을 이용해 앞으로 나아가는 멋진 크리스천이 될 거야. 마치 오리가 몸에 기름을 바르고 자신은 물에 젖지 않은 채 유유히 물을 헤엄쳐 나가듯 말이야.

5 단계: 기도

- 먼저, 비록 어리지만 예수님을 닮고 싶은 마음을 달라고 기도하고,
- 세상에 살면서도 세상에 물들지 않고 오히려 세상을 이기게 해달라고 기도하렴.

12월 넷째 주

목표: 믿는 자의 사명이 무엇인지 알고, 그 사명을 이루기 위해 어떻게 살아야 하는지를 알게 한다.

장엄한 미션을 수행하는 연어

– 예수님을 닮아가라

1 단계: 찬양 아이들과 함께 즐거운 찬양하기!

2 단계: 흥미유발 이야기

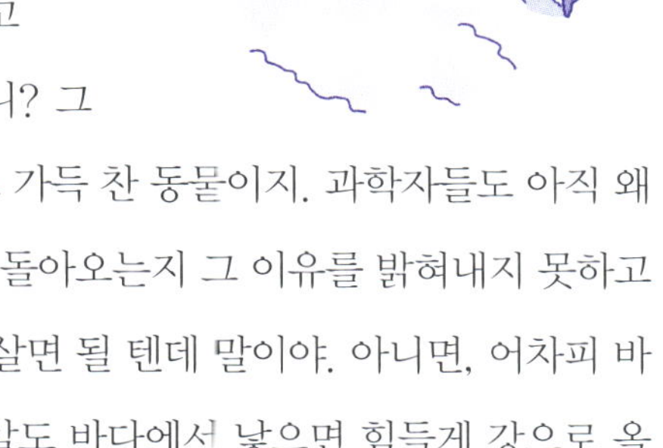

강에서 태어났지만 바다에서 일생의 대부분을 보내다가 다시 강으로 돌아오는 물고기가 있지. 그 이름이 무엇인지 아니? 그래, 연어란다. 연어는 참 신비함으로 가득 찬 동물이지. 과학자들도 아직 왜 연어들이 알을 낳기 위해 강 상류로 돌아오는지 그 이유를 밝혀내지 못하고 있단다. 강에서 태어났으니 강에서 살면 될 텐데 말이야. 아니면, 어차피 바다에서 일생의 대부분을 보내니까 알도 바다에서 낳으면 힘들게 강으로 올라올 필요가 없을 텐데 말이지.

그런데 연어가 자신이 태어난 곳으로 돌아오기 위해서 얼마나 험난한 여정을 거쳐야 하는지 아니? 힘센 물살과 거친 폭포를 거슬러 올라가야 하고, 또 물이 연어의 배에 겨우 닿을 정도로 얕은 물가를 지날 때는 온몸을 비틀며 펄떡거려야 겨우 조금씩 앞으로 나아갈 수 있단다. 그 과정에서 어떤 것들은 지쳐서 죽기도 하고, 또 어떤 것들은 독수리의 먹이가 되기도 한단다. 간신히 강의 상류에까지 다다른 것들은 배고픈 곰의 먹잇감이 되기도 하고. 그렇게 힘들게 자기가 태어난 곳에 도달하게 되면 연어는 알을 낳고 곧 죽게 된단다.

■ 미션(mission)이란 단어를 들어봤니? 미션이란 무엇일까? (미션이란 반드시 수행해야 할 임무를 말하지. 연어가 알을 낳기 위해 강 상류에까지 사력을 다해 다다르는 모습을 보면, 마치 누군가로부터 반드시 수행해야 할 미션을 받은 것 같은 느낌을 받게 된단다.)

■ 오늘의 교훈은 무엇일까? (아이들의 대답을 들어준 후, 오늘의 교훈을 따라하게 한다. – "미션을 수행하라.")

3 단계: 성경 읽기 행 20:24(주제: 주 예수께 받은 사명)

4 단계: 대화

〈요절 설명〉 오늘 말씀은 바울 사도가 예루살렘으로 떠나기 전에 그를 아끼고 사랑하는 사람들에게 남긴 말씀이란다. 당시 예루살렘에는 바울을 죽이려는 사람들로 가득 차 있었거든. 그런데도 바울은 예수님께 받은 사명을 이루기 위해서 그 위험한 곳으로 들어가겠다는 거야.

〈나의 미션은 무엇인가?〉 우리 믿는 사람들은 모두 같은 미션을 가지고 있지? 무엇일까? (아이들의 대답을 들어준 후) 바울과 같이 복음을 증거하는 일일 거야. 그러나 하나님께서 우리에게 주신 또 다른 사명이 있단다. 그것은 바로 우리가 이 세상에 살면서 그리스도를 닮아가는 것이란다. 예수님처럼 정직하고, 예수님처럼 온화하고, 예수님처럼 남을 사랑하는 사람이 되는 것이 바로 OO(이)와 아빠(엄마)가 수행해야 할 사명이야.

〈미션을 이루어가는 삶의 모습〉 그런데 미션을 수행하는 것은 쉬운 일이 아니란다. 무엇보다 우리가 사는 이 세상은 예수님을 닮지 못하게 하는 것들로 가득 차 있기 때문이야. 세상에는 욕심, 시기, 질투, 유혹 등 사람들을 악한 길로 빠뜨리는 것들 투성이란다(주변에서 신앙생활을 방해하는 유혹들을 자녀의 연령에 맞게 예를 들어주라. 예를 들면, TV, PC 게임, 나쁜 친구, 음란 문화, 진화론, 상대주의 가치관 등). 그러나 우리 믿는 사람들은 이런 세상의 흐름에 휩쓸려가는 것이 아니라 연어와 같이 그 흐름에 맞서 싸우며 거슬러 올라가야 한단다. 이것이 예수님을 믿는 사람들이 이 세상 속에서 살아가는 삶의 모습이어야 한단다.

5 단계: 기도

- 하루하루 예수님을 닮아가게 해달라고 기도하고,
- 이를 위해 마치 연어가 강을 거슬러 올라가듯 세상 문화를 거스르며 살아가는 사람이 되게 해달라고 기도하렴.

52주 동물 그림 모음

[1월 첫째 주]

절
취
선

[1월 둘째 주]

[1월 셋째 주]

절취선

[1월 넷째 주]

[1월 다섯째 주]

절
취
선

[2월 첫째 주]

[2월 둘째 주]

절
취
선

[2월 셋째 주]

[2월 넷째 주]

절
취
선

[3월 첫째 주]

[3월 둘째 주]

절취선

[3월 셋째 주]

[3월 넷째 주]

절
취
선

[4월 첫째 주]

[4월 둘째 주]

절 취 선

[4월 셋째 주]

[4월 넷째 주]

절
취
선

[5월 첫째 주]

[5월 둘째 주]

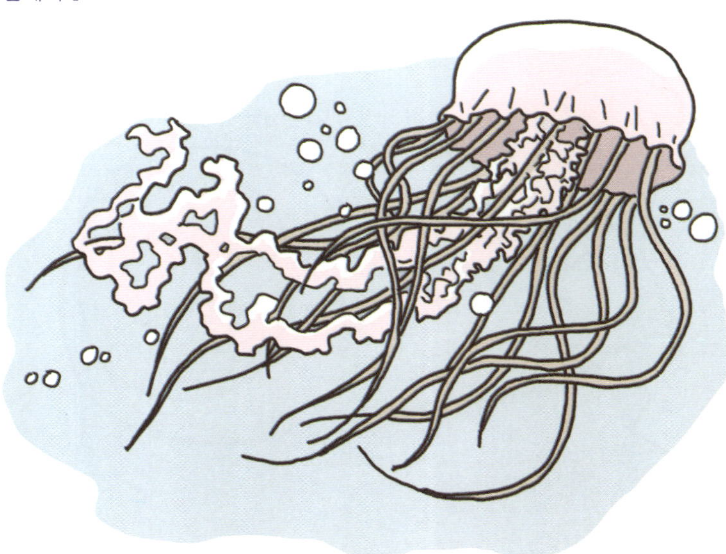

절취선

[5월 셋째 주]

[5월 넷째 주]

절
취
선

[5월 다섯째 주]

[6월 첫째 주]

절
취
선

[6월 둘째 주]

[6월 셋째 주]

절
취
선

[6월 넷째 주]

[7월 첫째 주]

절취선

[7월 둘째 주]

[7월 셋째 주]

절
취
선

[7월 넷째 주]

[8월 첫째 주]

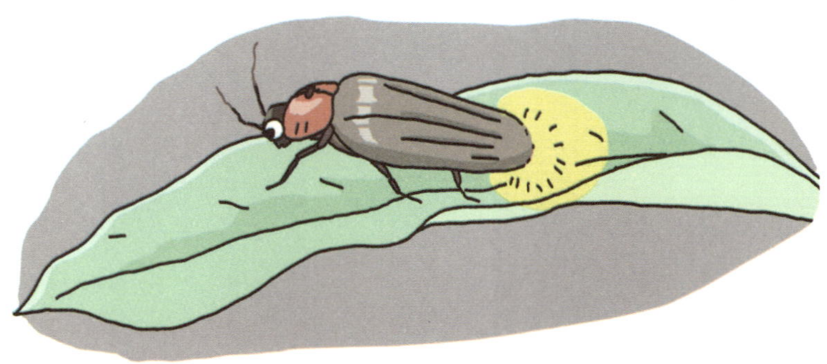

절
취
선

[8월 둘째 주]

[8월 셋째 주]

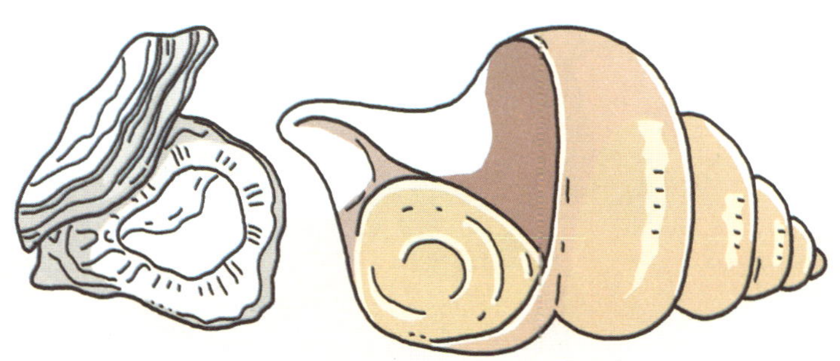

절
취
선

[8월 넷째 주]

[8월 다섯째 주]

절취선

[9월 첫째 주]

[9월 둘째 주]

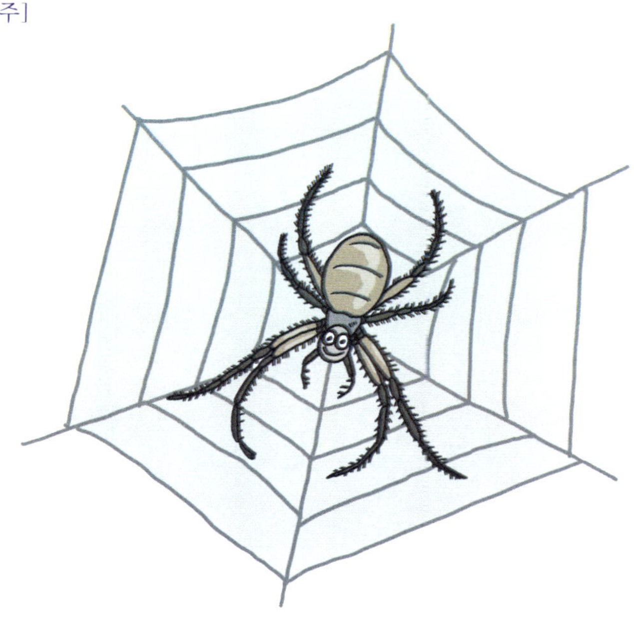

절
취
선

[9월 셋째 주]

[9월 넷째 주]

절취선

[10월 첫째 주]

[10월 둘째 주]

절
취
선

[10월 셋째 주]

[10월 넷째 주]

절취선

[10월 다섯째 주]

[11월 첫째 주]

절 취 선

[11월 둘째 주]

[11월 셋째 주]

절취선

[11월 넷째 주]

[12월 첫째 주]

절
취
선

[12월 둘째 주]

[12월 셋째 주]

절
취
선

[12월 넷째 주]